麦肯锡
金钱管理法

普通人也能从0到1实现财富自由

[日] 浜口和也 —— 著
胡静 ——

外資系コンサルタントのお金の貯め方

北京时代华文书局

图书在版编目（CIP）数据

麦肯锡金钱管理法 /（日）浜口和也著 ；胡静译 .— 北京 ：北京时代华文书局，2017.1（2020.8 重印）

ISBN 978-7-5699-1310-1

Ⅰ. ① 麦… Ⅱ. ① 浜… ② 胡… Ⅲ. ① 金融学一通俗读物 Ⅳ. ① F830-49

中国版本图书馆 CIP 数据核字 (2016) 第 298541 号

北京市版权局著作权合同登记号 图字：01-2016-7284

麦肯锡金钱管理法

MAIKENXI JINQIAN GUANLI FA

著　　者 | [日] 浜口和也
译　　者 | 胡　静

出 版 人 | 陈　涛
选题策划 | 胡俊生
责任编辑 | 张超峰　李唯靓
责任校对 | 张彦翔
装帧设计 | 私书坊 _ 刘俊　赵芝英
责任印制 | 刘　银

出版发行 | 北京时代华文书局 http://www.bjsdsj.com.cn
北京市东城区安定门外大街 138 号皇城国际大厦 A 座 8 楼
邮编：100011　电话：010 - 64267955　64267677
印　　刷 | 三河市兴博印务有限公司　0316 - 5166530
（如发现印装质量问题，请与印刷厂联系调换）
开　　本 | 880mm×1230mm　1/32　印　张 | 7　字　数 | 110 千字
版　　次 | 2017 年 4 月第 1 版
印　　次 | 2020 年 8 月第 3 次印刷
书　　号 | ISBN 978-7-5699-1310-1
定　　价 | 45.00 元

前言

为什么我的“储蓄生活”不尽如人意

“一定要为了将来存钱……”

“虽然开始存钱了，但却不尽如人意。”

“我想一年攒下100万日元！”

拿到本书的你现在是否有这样的心情？大概很多人都处于无法顺利储蓄的原地踏步阶段。

现在，书店里有很多书都在教大家储蓄或节约。其中很多书籍的作者都是FP（金融规划师）、金融投资专家以及银行业者等金融专家，书中记载着“积攒你收入的20%”“节约就这3点”等具体的、看似会立竿见影的内容。

但是，读过了所有的“储蓄类书籍”后，有几位读者实现了储蓄的目标呢？

这就是大家没有持续储蓄的原因。**即便运用他人的知识也无法顺利取得成果。即便认真地实施了一番书上所说的策略，却也没有效率。**

因为你有自己的“生活环境”与“生活方式”。这些是我们生活的基础，无视这一部分构筑起的储蓄生活只会产生痛苦。痛苦的储蓄生活无法持久。

不要“反复采取即兴式储蓄”，而是要“制定与你自身的目的与环境相适应的储蓄战略”。

也就是说，**如果不能建立一个私人定制的储蓄生活，你的储蓄就不会成功。**

灵活运用经营顾问技巧进行储蓄！

我曾在两家咨询公司中任职，协助企业完成过中期经营计划与新项目企划、业务改革、基础系统的导入支援等。从我的经历可以看出，我并不是金融专家，也并不具有优秀的金融投资能力。

但是，**如今的我却拥有7000万日元的存款。**

这些钱是我从背负486万日元的助学金借贷走入社会开始，到婚后开始认真存钱，在7年时间里不断进行尝试而积攒下来的。我对金钱知识浅薄，那么是如何在背负债务的情况下积攒下这笔钱的呢？

答案就是，**我把能够有效推进生意的咨询手段用在了储蓄上，从而进行了高效储蓄。**

确认目的、制定目标，为达成目标而推敲战略、落实计划，并在实施过程中反复进行改善。

在商业上取得成功与储蓄上获得成功的要素是一致的。

成功的关键是逻辑思考和商业框架

引导我的储蓄生活走向成功的咨询手段就是“逻辑思考”

（抓住本质的思考方法）和“商业框架”。这两个词语看起来十分高深，或许有人会想：“我能用好逻辑思考和商业框架吗？”

不用担心。这些手段原本就是谁都可以用来提高效率、推进事物发展并获得成果的工具。

其具体内容将在本书中为您进行介绍。我们将会利用以下逻辑思考与商业框架。

*** 利用麦肯锡公司的7S“确认储蓄素质”**

*** 利用企业金字塔“制定目标、战略、计划”**

*** 利用逻辑树找出“最好的增加收入、减少支出的方式”**

*** 立足于PDCA的“计划推进方式”**

它可能和你至今为止所听过或看过的普遍储蓄技巧不同。但**是，逻辑思考与商业框架对于储蓄而言却十分有效，这已经通过我7年的储蓄生活得到了证实。**

它并不是表面上的技巧罗列或者仅仅是纸上谈兵。它是根据我的实际体验而得出的，是我可以信心十足地推荐给大家的一种手段。

通过储蓄获得“丰富多彩的人生”

最后，让我来说一说我是如何开始认真思考储蓄与度过丰富多彩的人生这一问题的。

“怎么才能过上丰富多彩的人生呢？”

每当父亲这样问我时，我就会感到十分困惑。虽然我一直在进行人生规划，但是我却从来没有关注并思考过“丰富多彩”这一部分。

父亲总会不等我回答就说起下一话题，因此这个问题对他而言大概并不怎么要紧。但这一貌似漫不经心的问题却深深烙印在我的心底，让我开始认真思考，什么才是对我而言的丰富多彩的人生。

我认为，实现自己或家人梦想的生活是获得丰富多彩的人生的基础。

现在我会将“任何人都能确实而高效地进行储蓄的方法”传授给大家，这些就是我在思考时所获得的感悟。

你的梦想是什么?

你正在为实现它而努力吗?

为此，你在有计划地储备所需资金吗?

只此一次的人生，如何才能在有限的时间里进行高效储蓄，从而实现自己的诸多梦想、走向丰富多彩的人生呢?

在持续了多年的储蓄生活后，我将我所找到的答案及其一切有关知识都记录在了本书之中。

请你一定要通过本书实现丰富多彩的人生。

浜口和也

— 目录 —
CONTENTS

第1章 重视的储蓄基础

第2章 与梦想和目标有关的储蓄素质

第3章　储蓄战略与计划表

第4章　为储蓄进行金融投资

第5章　利用麦肯锡工具进行储蓄的生活实录

序章

现代“储蓄现状”

“能不能存下1亿日元呢？”

在我二十几岁刚刚结婚不久，我和妻子拥有了“共同的梦想”。

我们要迁到妻子出生、长大的冲绳定居，并且用我们珍视的价值观、生活方式与家人一起过着和睦、健康的生活。

但是，为了实现这一梦想，确保生活来源却成了最大的阻碍。当时的我和妻子都在做经营顾问，但是在冲绳却很难应聘到顾问一职。假如不挑职业，就业机会要多少有多少，但是那样是否能够获得令我们满意的收入就成了另一个问题。

为了能够移居冲绳，我们必须要积攒生活费。

“想要在冲绳生活一辈子需要多少钱呢？”

我们以我们想要的生活方式与冲绳的物价为基础，算上住宅费用与餐费等生活费，计算出的金额是1亿日元。

这是一笔巨大的金额。我们没办法马上积攒出足够的钱。

即便每年我们能够储蓄1000万日元，那也需要长达10年的时间。

我们那时20多岁，对那个年纪的我们来说，感觉10年真是相当漫长。

我们还没出生的宝宝会在10年里成为小学三年级的学生。

那时的我已经在大学的毕业研究以及咨询项目上取得了诸多经验，但我却不知道这10年间我是否能够获得什么。

在巨大的时间壁垒前，我开始思考：

首先，实施一个持续10年以上的计划不能蛮干。如果是短期计划，那么即便有些勉强或许我们也能勇敢地克服困难，但如果是长期计划却绝不可能成功。

必须要彻底减少浪费并节约开支。即便稍有浪费，成年累月积攒下来也有可能会给计划的施行造成巨大的打击。

其次，也不允许懒散。懒散会影响到其他环节。长期计划中的懒散极有可能导致出现难以挽回的影响。

我认为，要想尽快攒下1亿日元，就要制定并实施“简单、节俭、稳定的具体而长期的计划方略”。这说起来容易，但是实施起来却会非常困难。

如何制定并实行简单、节俭、稳定的计划方略呢？

经过深思熟虑后，我得到了这样一个结论。

那就是利用在咨询公司学到的逻辑思维与商业框架制定并实行储蓄战略。

我将在人类的漫长历史中出现的优秀经营者、顾问等开发出的合理推进商业进程的工具用在了储蓄上。并且将其看作是达成目标的捷径，使其扎实地开展下去。

很快，我利用顾问所掌握的知识开始了储蓄生活。这是我进行的时间最为漫长，也是目标最为高远的一个挑战项目。

尝试用商业框架来储蓄

从我利用逻辑思维与商业框架展开储蓄生活以来已经过去了7年。现在我手上有超过7000万日元的流动性资产（马上就能变现的资产）。

这些资产并不是我投机成功获得的巨大收益，也不是我继承的巨额遗产。它们是我坚持按制定的计划进行储蓄而得到的。

“为了实现梦想，是绕远路还是走捷径？”

假如有人提出这一问题，大家可能都会觉得人生只有一次，当然应该走捷径、让自己的人生更加充实。逻辑思维与商业框架会为导出这一捷径发挥巨大的作用。

我们之所以能够顺利地过上储蓄生活，就是因为我们活用了逻辑思维与商业框架（这一知识会在后面的章节中详细介绍）。

虽然是商业手段，但其在“储蓄生活”中的有效性却是我亲身验证过的。

商业框架本身就是任何人都能依照指导方针推进事物发展，并能够使其品质得到一定保证的一种办法。而且，任何人都能学会并利用这一知识。

虽然我原本是外企顾问，使用这样的知识会比较得心应手。但无论你是家庭主妇还是学生，无论你从事何种职业，你都能够使用本书中的方法获得储蓄的捷径。

日本人是怎样储蓄的

那么，在即将走入储蓄生活前，让我们先来看看日本人的储蓄现状。

你知道日本人的生涯薪金（工作一辈子获得的薪资总额）是多少吗？

据日本的劳动政策研究研修机构调查，男性初中毕业生的生涯薪金为1亿7710万日元，高中毕业生为1亿9520万日元，大学、大学研究生院毕业生为2亿5410万日元。

女性初中毕业生为1亿1140万日元，高中毕业生为1亿2620万日元，大学、大学研究生院毕业生为1亿9800万日元（以上数值不含退休金、养老金。另外，由于很多人年过60岁还会继续工作，所以其实际生涯薪金会稍高一些）。

扣除10%~20%的税款、社会保险等费用后，个人可自由支配的钱数将会变少，但尽管如此，这依然是一笔巨款。

金钱十分不可思议。

我们会毫无目的、毫无意识地在日常生活中使用金钱，而它则像是我们捧在手心中的水，转眼间就会消失不见。但当你想要记起它们都去了哪里时却要大费脑筋。当然，生涯薪金也是如此。

当向即将年满60岁退休的人问起“您这一辈子是怎么把钱花

图表 1　日本人的生涯薪金

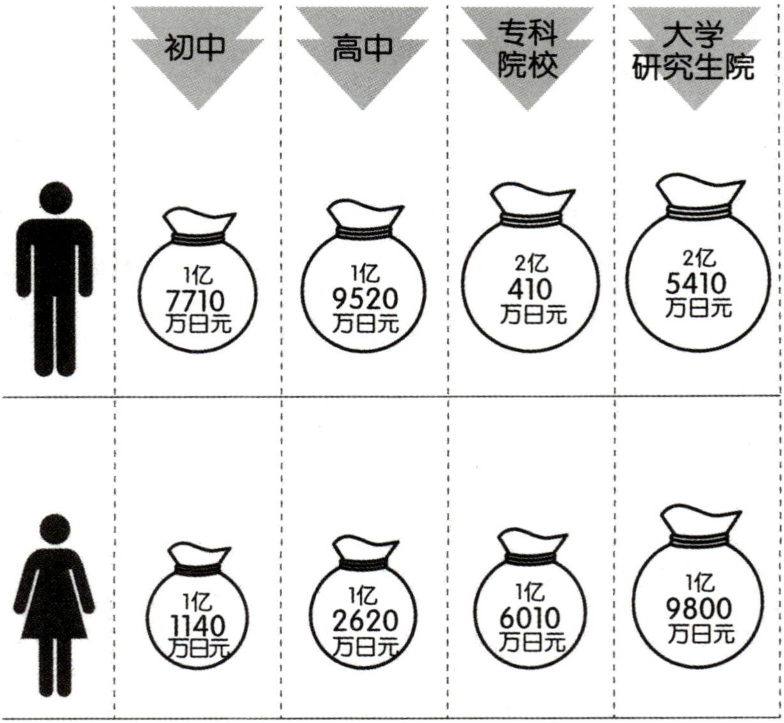

*按从学校毕业到60岁退休的全职员工计算

来源：日本劳动政策研究研修机构

· 其实每个人都能得到很多钱。

· 制订计划、有效使用金钱就能攒下钱。

掉的？”这一问题时，对方一定很难回答。他能够具体说出的大概是用来购房和预备养老的钱数，而其他的钱则大多会统一概括成花在了生活与教育上。

既然人一生的薪资是固定的，那么就一定要慎重地决定好薪资的用途。

生涯薪金是一笔巨款。如果我们能够制定计划并有效地使用金钱，那么几乎任何人都能够攒下可以用来实现梦想的金额。

比如，经过调查后可知，平时人们认为遥不可及的“乘坐豪华游轮环游世界”的实际花费在500万日元以下。

如果这是一个梦想，那么几乎所有人都能通过有计划、有效率的储蓄来实现。

因此，我们所需要的是金钱的使用方法与储蓄方法。

假如通过这一做法会让我们的人生更加丰富而快乐，那么就不会有人不去实践它。

然而，我们不可能将生涯薪金全都用在实现梦想上。我们还要在衣食住行等生存的必要条件上花钱。

图表 2　日本夫妇一生平均支出的生活费

来源：日本总务省家庭账本调查

那么，实际上我们能够花费在“实现梦想”上的金钱到底有多少呢？让我们来看看日本人的平均支出吧。

利用总务省公布的家庭账单调查数据与生涯薪金数据，我们可对日本夫妻平均一生支出的生活费进行计算，得出的支出金额如左页图中所示，为2亿1183万日元（以夫妻双方都是初中毕业生为例）。

如果想随意在这些支出中拿出一项作为“实现梦想所需的资金”可能有些困难。

但包含零花钱、交际费等在内的其他消费支出或者教养娱乐支出的金额却很好调整，假如我们能以这些项目为主要调整对象，那么整体生活费就可能会削减10%。

即便只有10%，加上每个人的一般性储蓄（包括退休后的养老金）后也能获得2010万日元的“用来实现梦想的存款”。

这一金额对于实现大多数人的梦想已经绰绰有余。

日本人的储蓄现状

那么，大多数人都在使用怎样的储蓄方法呢？

根据总务省全国消费实际状况调查显示，将用于投资的存款与负债进行平均后发现，30岁时的负资产值最大。

40岁后，资产值刚刚为正，之后到了50岁、60岁时资产值才会出现正增长。

看完生涯薪金与存款金额的实际状况后，就能看清日本人的储蓄现状。

20岁单身时为了结婚而储蓄，结婚后为了积攒房屋首付款而储蓄。

30岁、40岁在购买了房屋的同时也背负了大额贷款，这需要连续偿还数十年（另外还会将此前积攒的大部分财富全部用光）。

与此同时，30岁、40岁的人们还要续交保险费，有孩子的家庭还要支付教育费用。

50岁后得以喘息一下，不久又开始加紧筹备养老金。

一个人能赚1亿日元，两个人能赚超过2亿日元的家庭恍然间发现只是在一味地付账以及为养老筹备资金，根本没有存款。

在我看来，尽管没有人教，但是日本人却都在过着这种模式

图表 3　日本人的储蓄方法与花钱方式

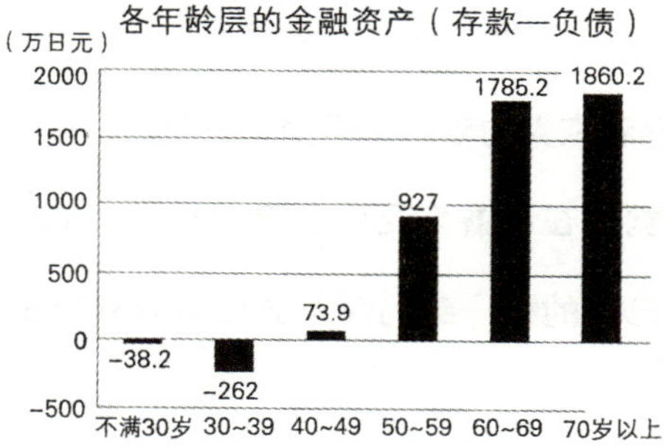

30岁　**–262** 万日元

40岁　**73.9** 万日元

50岁　**927** 万日元

60岁　**+1785.3** 万日元

（*以2人以上家庭为对象）

实际的储蓄方法与花钱方式是……

日本人的储蓄方法与花钱方式

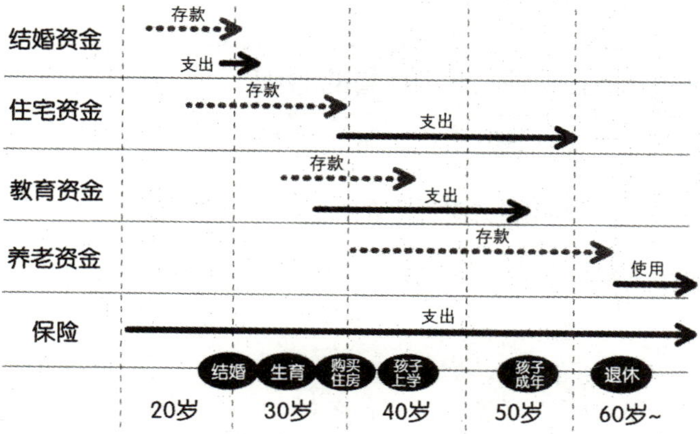

一直在付账！

的生活。

我很讨厌不知不觉就把钱花光。

“我想尽早实现自己和家人的梦想，无论是一个还是多个。”

“我不想在不知不觉间在储蓄与花钱上走入日本人的固有模式之中，我想使用与自己目的相一致的储蓄方法与花钱方式。”

这就是我的想法。

你怎么想呢?

九成人无法按照计划储蓄的原因

很多人直到制定储蓄计划的阶段进展得都很顺利，可一旦开始实施却无法顺利进行。这种现象不光会出现在储蓄上，在商场上也是如此。

作为经营顾问，我看过各种各样的企业计划，在这些短则几个月长则数年才能完成的计划中，能够按照计划推进并取得成果的不足一成。

为什么我们不能依照计划推进事物进程并取得成果呢？

以下列举了3个原因。

① 没有确定的目的，无法制定具体的目标值

②没有现实可行的计划，单凭意志力奋斗

③不去回顾计划施行后出现的结果，拿不出改善方案

原因① 没有确定的目的，无法制定具体的目标值

“每年存款100万日元。”

“每月省下3万日元。”

在书店里，很多书籍上都能看到这种极具吸引力的句子。

有多少人实际看过这些书后真正存下了100万日元，或者省下了3万日元呢？应该很少。至少我身边就一个都没有。

不是因为这些书里写的内容不好。

问题在于，你没有将储蓄100万日元的必要性，或者节约3万日元的理由与自身的目的进行对照并使其明确化。

人们当然会认为能够存款100万日元或者节省下3万日元肯定

“要比没有存款强”。但是，如果只是因为“有比没有强”，那么这一目的就不充分，也无法引导我们存下真正所需的金额。

根据自身现状而来的切实愿望才能作为真正的目的。

原因② 没有现实可行的计划，单凭意志力奋斗

很多人都是刚开始时干劲十足，但是过不了三天就停下了自己实现梦想的脚步。这就是想要单靠意志力达成目标，最终却失败的典型例子。

英国经济学家阿尔弗雷德·马歇尔曾说过要“拥有热烈的心与冷静的头脑”。我认为，要想历经磨难、达成目的，不可或缺的就是这“热烈的心与冷静的头脑”。

即便有了明确的目的或目标，并且拥有一颗势必达成目标的热烈的心，如果没有利用冷静的头脑去思考现实可行的计划，那你的梦想只不过是空中楼阁。

只有拥有了简单、节俭的现实而有效的计划才会看到实现目标的道路。它与热烈的心交织在一起，就能取得良好的成果。

原因③ 不去回顾计划施行后出现的结果，拿不出改善方案

无论制定了多么确实的计划，我们都不可能完全依照计划进行。在此过程肯定会有意外事件出现。

假如中断计划就要面临目标无法实现。我们需要确认当下与达成目标之间的距离，然后对计划进行修正、改善。

另外，即便是在计划按预定方案进行时，反复改善计划也有着重要意义。顺利拿出改善方案能够使我们加速储蓄。

为了能在处理意外事件的同时使计划顺利进行，并且取得超出预期的良好效果，思考计划实施后出现的结果并持续进行改善尤为重要。

很少有人能够一帆风顺地完成最初制定的计划。我也同样如此，而且也曾经历过诸多挫折。

所以我们才必须要在“人类的意志力并不强”这一前提下制定并思考计划。

只要制定储蓄战略，任何人都能存下钱

目前，我所看到的大多数人的储蓄失败都是有原因的。同时，我作为工薪族能够在7年时间里存下7000万日元也是有原因的。

利用逻辑思维与商业框架制定储蓄生活战略，向目标前进。

储蓄失败的人与我的不同只在于此。

只要使用咨询界普遍使用的思考方法与工具，储蓄就不再困难。任何人都能够有效地进行储蓄。

第1章

重视的储蓄基础

1.

最先考虑“思考方法”

重点 ▶
最有效的储蓄
首先要从了解作为
基础的思考方法开始。

实施有效的计划需要“行动前先思考”

我们即将组建利用商业思考的储蓄生活。

我很想像经营顾问那样说一句“首先要从基本战略开始”，但这里还是先放一放，首先我要告诉大家的是**巩固战略的思考方法**。

你可能会感觉这很麻烦，但设定接近目标的方法是有效推进储蓄生活的重要一步。

如果储蓄生活是“房子”，基本战略是“顶梁柱”，那么接近目标的方法就是“地基”。

地基不牢固，不用说顶梁柱，就连整个房子都会处于危险之中。与此相反，只有建造在牢固地基上的房屋才能任凭大风吹过却纹丝不动，同时也能保住家里的所有家具、物件。

为了能在不测发生时也能过上达成目标的储蓄生活，首先我们就来思考一下接近目标的方法吧！

“在5年后迎来40岁时，我想来一次奢侈的放松身心之旅。”

当你这样想时会采取什么行动?

比如，为了5年后的旅行，你节约餐费和零花钱，开始一点点进行储蓄。这一行动的效率如何呢?

大多数人都会定好目标金额然后再去努力，但很多时候你会发现，这都停留在“看得见的范围上努力”。

在我看来，他们没有去确认达成目标的道路，只靠自己身边的情报就武断地认为：

“储蓄就是节约!”

“节约就要削减餐费和零花钱!”

希望大家不要误会，我没有说节约餐费或者零花钱不对。只不过可能并不那么见效。

如果不是在确实地描绘出通往终点的道路之后再采取行动，就极有可能会出现浪费。

“真有必要节约餐费或零花钱吗?”

“没有更应该最先节约的支出吗?”

“没有办法增加收入吗?”

图表 4　考虑思考方法的理由

想要通过捷径实现目标，就要在行动前好好思考一下。

现在，我已经建立起了长达10年的储蓄生活，在开始储蓄时，我就是从“考虑思考方法”开始的。

也就是说，我们要思考怎样整合你的思想，使其形成一个简单、节俭、稳定的形式，并以此描绘出通往目标的大路。

“考虑思考方法”，这种表达可能有些奇怪，但这却是组建储蓄生活时的关键部分，因此希望大家都能够理解它。

不是“欲速不达”，而是“欲速则止”

为什么要特意去考虑思考方法呢？那是因为它是能够最有效地进行储蓄的方法，是为达成目标而设置的起点。

人们常说“人生风云莫测”，因此有时在采取你认为好的行动时却往往会事与愿违。

行动与预期相悖是由于忽略了事物的关联性，要想回避这一问题，就要将复杂的事物梳理得简单明了，还必须要对应该采取的行动做出判断。

如果大家都是擅长梳理的人那很好，但大多数人都“不善于有序思考”“无法梳理复杂事项”。

一定有人有过“考虑了一遍又一遍，结果什么都没搞清楚，最终还是没法判断怎么做最好”的经历。一旦陷入这种状况，你将会束手无策，或者即便采取了行动也是在白白浪费时间。

那么，我们为什么会陷入这样的状况之中呢？

答案很简单。因为你**在面对问题时，没有搞清楚“以怎样的顺序进行思考与梳理”才是正确的方法。**

我在第一年刚走入社会的时候也没有“考虑思考方法（首先决定进展方法）”，因而非常辛苦。当棘手的问题出现时不知该怎样着手解决，只是在浪费时间。

随着时间的流逝，我开始越发感觉到焦躁，想着“一定要想出答案来”，结果就在没有任何进展的情况下耗尽了时间。这是我的经历。

这是越着急实现目标就越不去思考如何接近目标、使其得以实现的方法而导致的结果。

“考虑思考方法”的必要性就在于此。因为它能避免你的行动出现南辕北辙的现象。

那么，接下来就详细地告诉大家哪种方法好。

2.

以梦想为目标，以目标定战略，以战略做计划，以计划来行动

重点 ▶

能够做出直接与目标
相关的行动是关键。
在这里活用了“企业金字塔”。

梦想与行动的一贯性

要实现梦想必须要有行动。只要将这一行动与梦想连接在一起，你接近梦想的速度就会提升。

我将其称为**“梦想与行动的一贯性”**。拥有了梦想与行动的一贯性，就能确实地向着实现梦想的方向前进。但假如行动与梦想不符，那么不仅不会接近梦想，还会背道而驰。

“梦想与行动的一贯性”看似简单，但要将5年后，或者10年后的梦想与现在的行动连接起来却是难以想象的困难。如果不能做到一步一个脚印地顺序进行，那么就会因为一个小疏忽而马上陷入梦想与行动相悖的状态中。

比如，假设我们确定了“我想在5年后来一场奢华的旅行”的目标。为了实现这一目标，你决定停止购买每天使用的保健品，每月节约额为3000日元左右。

这时，如果实现梦想所需的储蓄额是100万日元，那么你的节约行动就严重不足。而且如果设定的目标是“5年后以健康的身体进行放松之旅”，你就是采用了可能会牺牲健康的行动。

这就是没有处于“梦想与行动的一贯性”状态之中。

让我们再举个例子。

有人因为太胖就决定每天要跑步。但其实比起跑步，在此之前更应该改善饮食生活，必须打造出能够耐得住跑步的身体。如果没有注意到这一点而继续每天跑步的话，总有一天身体会垮掉。虽然这是想要获得健康才开始的行动，但医生却警告说这是增加心脏负担的大型“自杀行为”。结果，专为跑步而买的衣服、鞋子全都浪费了。

像上面这样，即使是在日常生活中采用了自己认为很好的行动，往往最终也会变成负面行动。

使梦想与行动保持一贯性的“企业金字塔”

打造“梦想与行动的一贯性”时需要按照层次进行以下4个步骤：

第1层：决定未来的梦想

第2层：决定为实现梦想所需的X年后的目标储蓄额

第3层：为在X年内达成目标金额制定的战略

第4层：为实施战略而制定并实施的具体计划

其实这种思考方法是遵从“商业框架”之一的“企业金字塔”建立起来的。

公司组织变大后，此前有着密切接触的经营者与一线负责人之间的关系逐渐疏远起来。因此就会开始出现经营者的意思与一线负责人的行为不一致的情况。

回避这一现象的思考方法就是“企业金字塔”。

企业金字塔如下图所示，其上罗列了经营必需的要素，其特点是从塔顶到下层越发细致，更加具体。

第1层：蓝图……最终目标（终点）

第2层：经营目标……达成第1层“蓝图”的数值目标

第3层：经营战略……达成第2层“数值目标”的战略

第4层：行动计划……按照第3层的“战略”展开的具体计划与行动

图表 5　打造“梦想与行动的一贯性”的储蓄金字塔

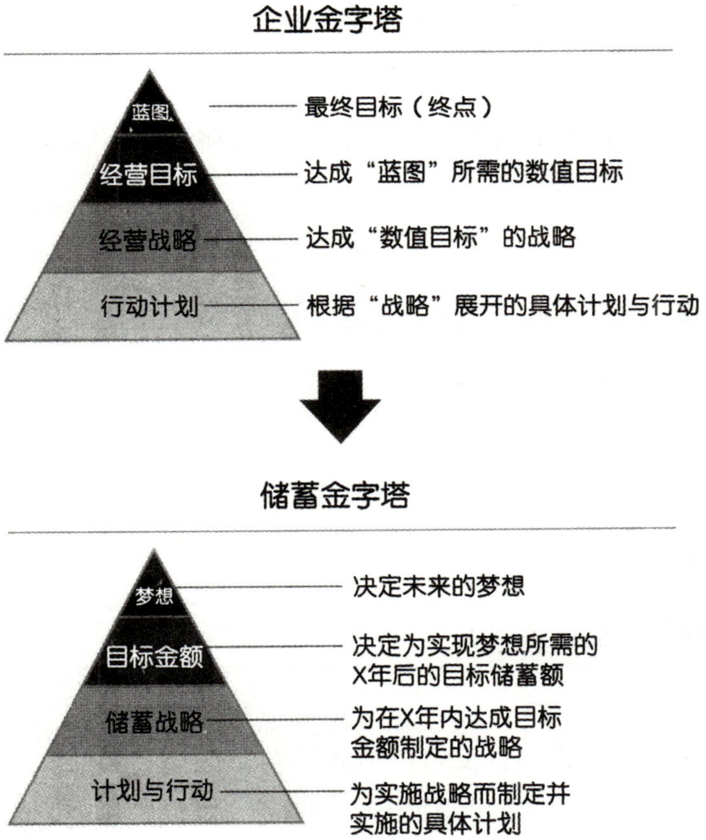

将每一层进行分解、细化，
打造梦想与行动的一贯性

重要的是要从塔顶开始将目标逐层分解、细化。不要制定迫切实现梦想的行动。另外，贸然展开行动也不可行。

“以梦想为目标，以目标定战略，以战略做计划，以计划来行动。”

依次分解、细化后就能形成体系。

储蓄生活非常重视行动力，为了不让你的行动白费，就要彻底将每一层分解、细化。

制作“储蓄金字塔”

这里，我们再以复习的形式针对之前的问题进行一次思考。

“在5年后迎来40岁时，我想来一次奢侈的放松身心之旅。”

首先，我们要思考“奢侈的放松身心之旅”是怎样的旅行，将其目的具体化。

·身体健康地乘坐豪华列车环游九州就心满意足。

这是金字塔的第1层。

然后是第2层，制定数值目标。举例来说就是计算所需金额。

·到九州的飞机票与豪华列车票费用以及其他购买土特产等的费用合计为100万日元。每年储蓄20万日元，5年存够100万日元。

接下来是第3层，研究“如何每年储蓄20万日元”的战略。

·工作很忙，所以很难利用周六日或者空余时间来增加收入。

·基本上要通过节俭来储蓄，由于平时都是自己做饭，所以餐费上的削减空间有限，再削减这项开支会影响健康，因此不能实施。

·现在租住的公寓过大，换个住处会大幅削减开支。

然后是第4层，落实计划，展开行动。

·在一个月内找到比现在的住处租金便宜2万日元的房屋然后搬家。

怎么样？

将目的具体化后就能断定你想要实现什么，也能更加精确地计算出所需的储蓄金额。通过具体目的与明确的目标金额就能让你要进行的战略变得明朗，便于落实计划。

这里虽然只是举了一个比较简单的例子，但其原理、原则却都相同。

在第2章后，我们会把储蓄生活中的目的到行动进行实际分解、细化。

在这里，大家只要记住成功的储蓄生活需要储蓄金字塔中的4个步骤即可。

3.

观察整体，选择最好的方法

重点 ▶

假如没有明确的选项，
那么即便定好了目标也不能
制定战略与计划，更不能展开行动。
让我们来用储蓄逻辑树把握选项吧。

选项增加，效率上升

这个话题或许有点突然，但我觉得选择越多越该感到高兴。

我会按颜色挑选圆珠笔，按日期挑选加班的日子。对于自己而言，不论是好事还是坏事，选项越多帮助越大。

为什么我会为选项多而感到高兴呢？那是因为你可以通过为了达到某个目的增加的选项找出更加适合自身情况的一项，这样更能提升效率。

储蓄时也是如此。

如果有多个能够让自己的钱增加的方法，就能从中挑选出适合自己的方法。如果能够找出最佳方法，那么就能更为轻松、有效地让自己的钱增多。

“怎么才能让钱增多呢？”

仅仅是问了一个单纯的问题就开始盲目地缩减餐费或水电费毫无效率。

想要有效地通过捷径达成目标要做的是：

图表 6　增加通向终点的选项

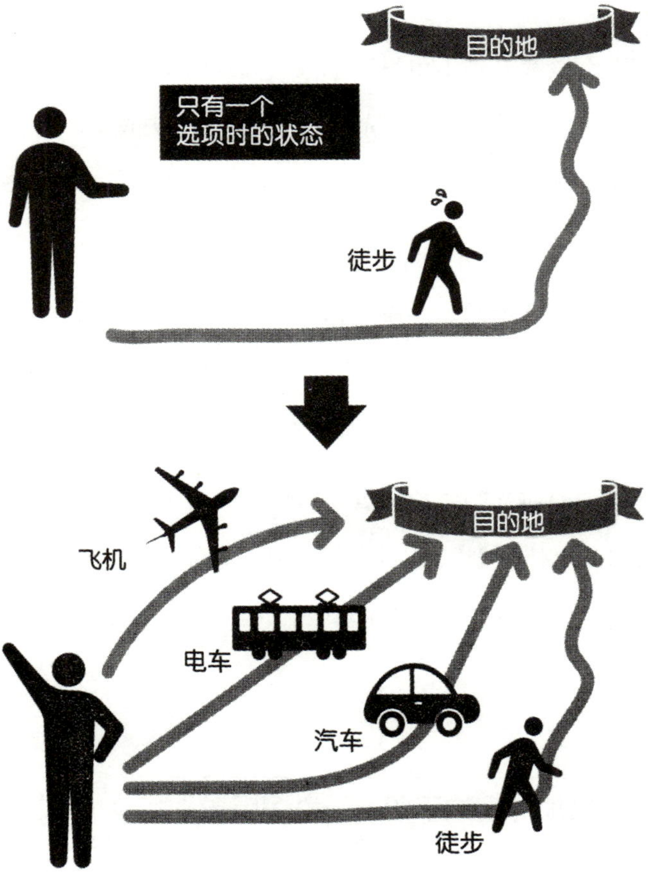

了解所有的选项后，
就能看到最高效到达终点的方法

“找出所有选项。”

“毫无遗漏、毫不重复”地找出增加财富的手段，让所有选项清晰明朗，这样自己就能选择出最好的储蓄方法。

这样才能更快、更加简单地进行储蓄。

找出所有选项的工作需要花费时间，因此乍看起来像是在绕远路，但与在这之后的储蓄生活所用的时间相比，拿出的只不过是一点点时间而已，而这点辛苦却能让你实现梦想的时间缩短。

另外，前面我们已经说过“将目的到行动进行分解、细化时需要战略与具体计划”，在挑选战略时，你能了解到哪些手段可以使财富增加，哪种手段能够更易实施、更加有效。

整理增加财富的手段——“逻辑树”

有个很简便的方法能够找出增加财富的手段。

这一方法就是，为防止出现遗漏或重复，将要素逐步分解并整理成树状图。

这种树状图常在商务咨询中用于整理较为复杂的事项，因此也被称为“逻辑树”。

“削减餐费”“削减零花钱”“通过加班增加收入”“出售资产”“投资”等都是增加财富的手段。

通过制作树状图就能看到所有方法，也能一眼明了它们之间都有怎样的关联。

看到整体图后，我们就很容易判断出哪些是重要的优先事项，同时也能回避那些不易产生效果的措施，提升储蓄效率。

接下来就让我们来整理一下利用逻辑树储蓄的方法吧。

请往下看。

“怎么才能增加财富呢？”手段其实有很多。

如果想要使实际行动中的选项更为细化，缩减餐费时既可以选择控制购买酒类等特定商品，也可以选择利用超市打折时段进行购物等方法。

在这些选项中，你就能够明明白白地看到哪些是因为冲动行事而出现的无效行动。

例如，假如要在1年后储蓄20万日元，不应该选择提高时薪的

图表 7 财富增加手段的整体图——逻辑树

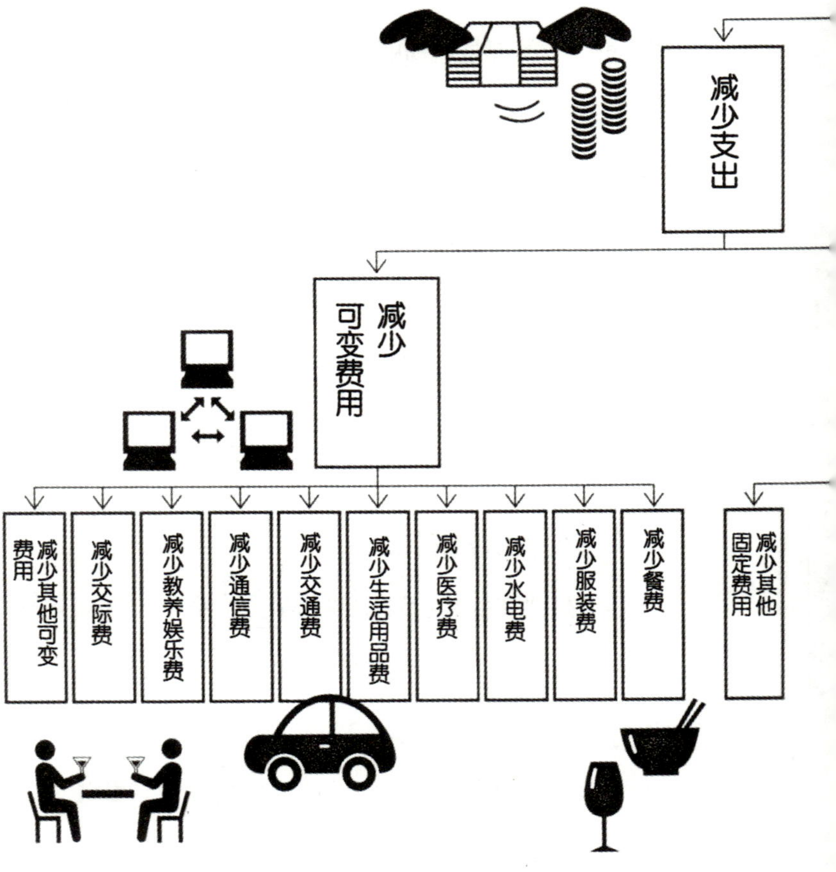

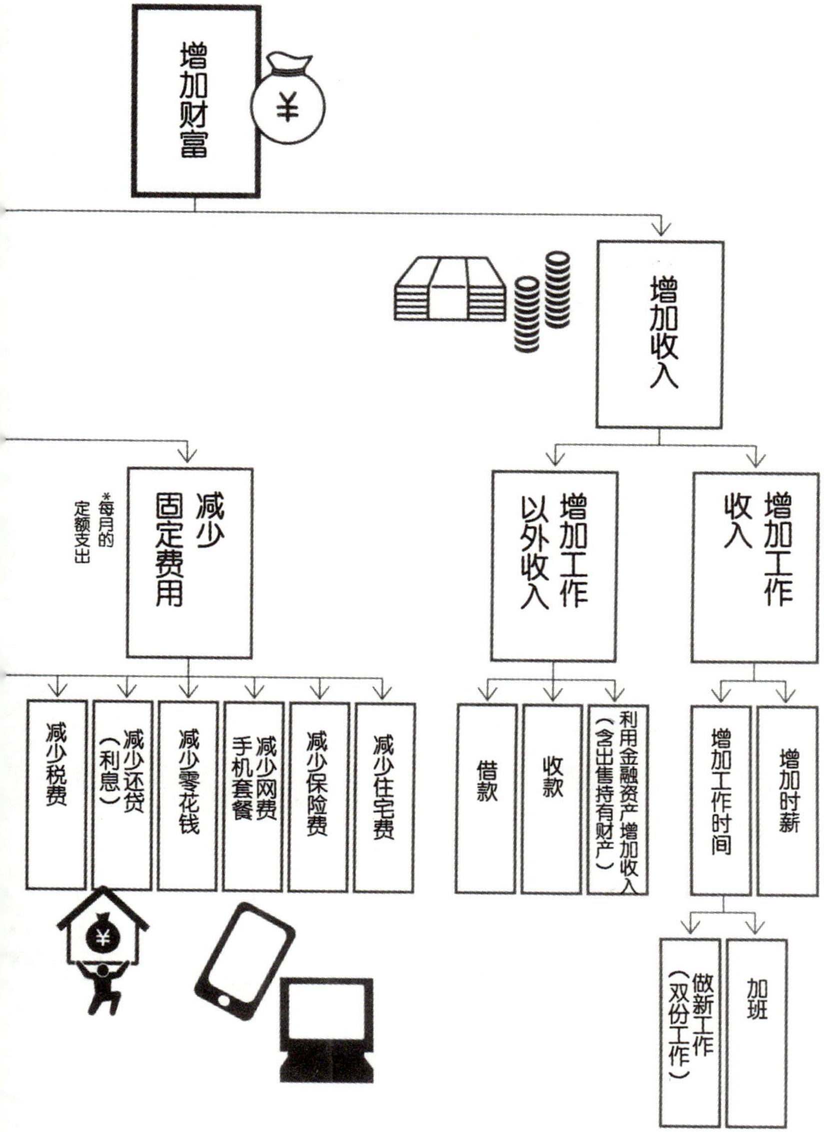
增加财富
¥
增加收入
减少固定费用
*每月的定额支出
增加工作以外收入
增加工作收入
减少税费
减少还贷（利息）
减少零花钱
减少网费手机套餐
减少保险费
减少住宅费
借款
收款
利用金融资产增加收入（含出售持有财产）
增加工作时间
增加时薪
做新工作（双份工作）
加班

方法。因为这一行动生效很有可能要历时一年以上。

这一事例应该采用其他能够即刻生效的手段。

一定要在把握了整体后再去选择与自己的目的一致的选项，进而再去行动。

4.

让储蓄效率增长5倍的方法

重点 ▶

只是了解思考方法就能
让你实现目标的效率得到惊人的提升。
这里向大家介绍两种商业思考法。

储蓄不要以完美为目标

“我已经弄清了储蓄所需的所有行动，接下来就要完美地去实施了！”

当你想要储蓄的想法越强烈时，你就越会出现这种思想。然而这只有当你有无限的时间，而且有不顾一切去劳动的铁一般的意志时才会成功。全世界也不会有一个这样的人，所以这是不可能的。

日本人的健康寿命（无须他人照料，能够生活自理的时期）为男性70岁左右，女性74岁左右。

人的寿命是有限的，因此可供使用的时间也是有限的。如果想要在有限的时间里做成什么事情，那么就一定要有效率意识。

例如，假设明天有数学、社会与英语三门考试。

假设一点儿都不学习就会全部科目得0分，每一科目学习10小时就能得100分。

如果能够保证学习30小时，那么3门学科就能得到满分300分。但你能够保证的学习时间总共只有15小时。

那么，你要怎么学习呢?

利用80比20法则思考

如果想要在考试中得20分，那么从0分提高20分和从80分提高20分，哪个更困难呢?

我想大多数人都有过这种经历，这两者之间有着很大的差距，从80分提高20分所付出的必要学习时间会更多。

这一规律被称为**“80比20法则”**。

这是说在一个整体中，少数因子能够控制大多数因子，**以这里所说的考试为例，以重要公式为中心，只要学习这一范围内的20%就能在考试中获得80分**。

与学习全部内容相比，由于所学内容为整个范围的20%，因而其所需时间为前者的五分之一，效率是其5倍。

让我们再次回到此前的问题上。如果想要完整地学习每一

图表 8　利用80比20法则提升效率！

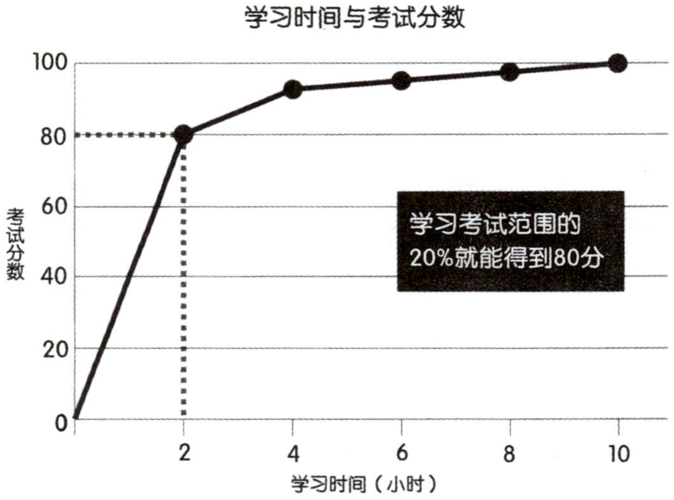

3科都得100分需要30小时
3科都得80分，每科需要2小时，
共计学习6小时即可

利用“80比20法则”进行思考
就会出现5倍效率差！

科，那么就会在学习数学10小时、学习社科5小时后把时间耗尽。这样一来，考试结果就是数学100分，社会90分，英语0分，合计190分。

接下来利用80比20 法则，假设数学、社会、英语每科学习2小时，共计6小时，三科都能得到80分，合计可得240分，这样就产生了极大的效率差。

预测会让效率进一步提升

让我们再从同一个考试题材中思考一下提升效率的方法。

按照80比20法则的思考方法只需学习6小时就极有可能获得240分。

但是，这样就剩余9小时。可以把这9小时简单地分为每科3小时，只要利用好这9小时，你的考试结果就会更好。

这里，我们可以为了再次提升效率而运用“假说思考”，也就是“预测”的方法。

图表 9　80比20法则的具体效果

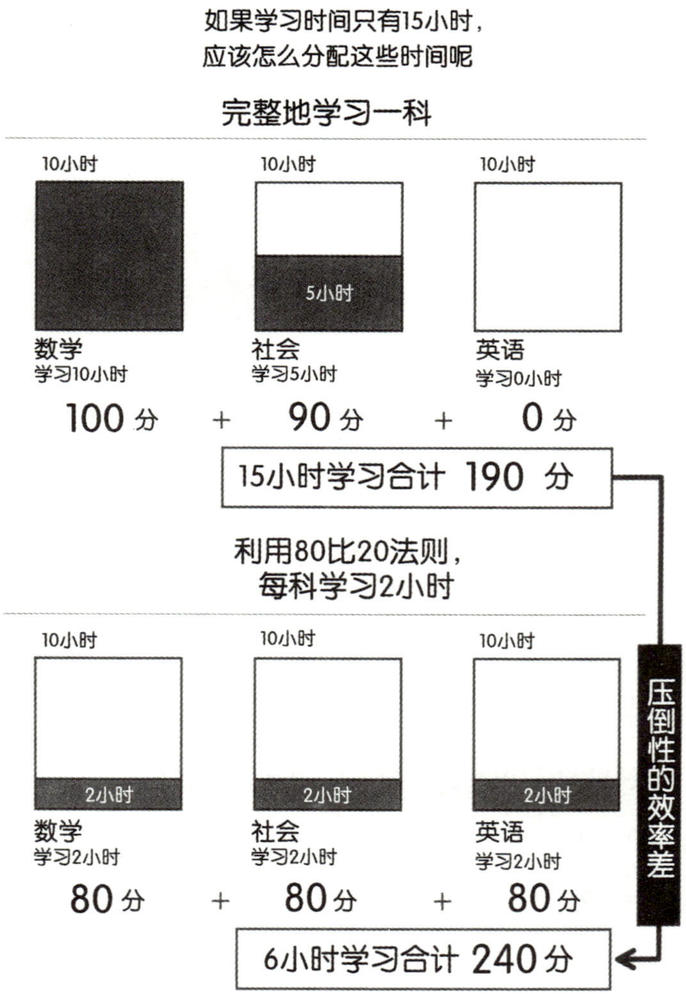

假说（预测）

学习数学时只要记住公式，然后再用2小时练习应用就有可能得100分。相反，社会、英语需要背诵的部分较多，遇到记不住的年号、人名或单词就没办法解答。

数学可以使用9小时中的1小时来快速浏览一遍教科书，剩下的8小时用于社会和英语，每科4小时。这样就会让总分进一步提高。

结果如何？

每科学习3小时，每科能得90分，共计270分。

将学习数学、社会、英语的时间按照1∶4∶4分配时，数学88分，社会96分，英语95分，共计278分。

建立这样的假说就能够产生更高的效率。**这称为“假说思考”**。

这次我们使用的是假说正确的例子，即便假说不正确，我们也可以对建立的假说进行检验与改善，这样就能在下次考试中建立起更加精准的假说。

也就是说，不论假说是否正确，只要利用“假说思考”，最终都能获得好结果。

图表10 利用假说思考再次提高效率！

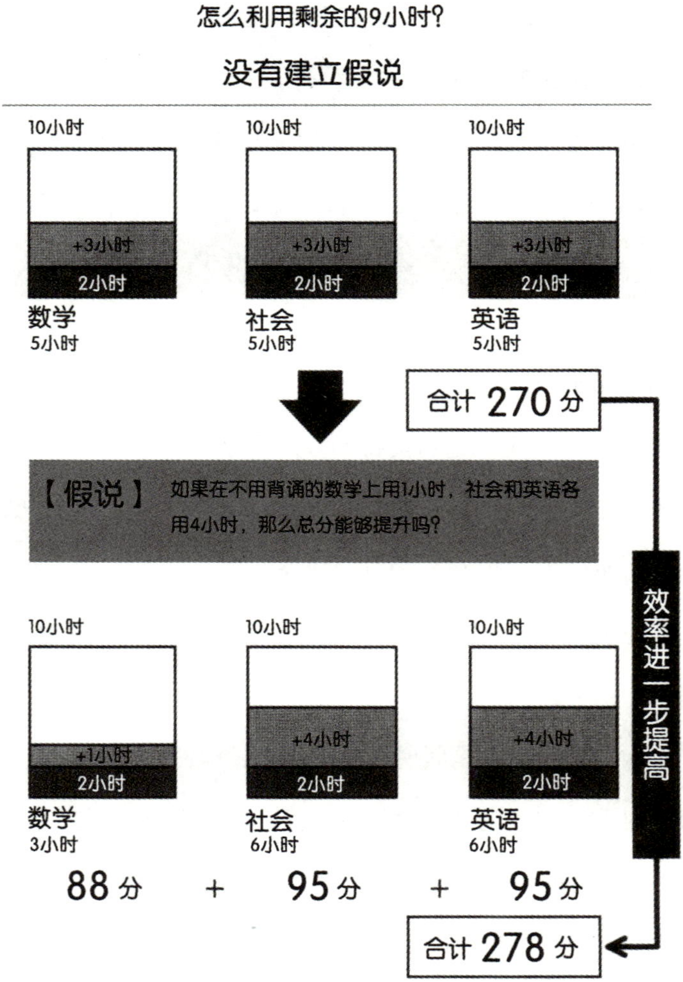

虽然这一例子是以考试为题材，但储蓄也是如此。

要想增加财富就不要执着于一种做法，在这一做法完成到80%后再去研究其他方法。另外，也请大家尝试一下建立假说。它能使你从整体上提高每小时的效率。

5.

达成目标的关键——PDCA

重点▶

切实实施计划，
为此需要PDCA。

没有绝对完美的计划

制定详细计划、按计划展开行动就能达成目标吗？

很遗憾，答案是“NO”。

无论你多么努力地去制定计划、去行动，有时也会得到意料之外的结果。这并不是说制定计划的人能力不足。

因为工作的关系，我看过很多大企业的优秀商业人士制定的计划方案，但即便是他们做出的计划，在实施时也会出现不测。

如果有一个结果不如预期，那么由于缺少了这一部分，即便实施了其余的所有计划也无法达成目标。

如果不能达成目标，那么梦想就只能是美梦。这样一来，花时间使目的具体化、建立数值目标、落实计划等都没有了意义。

“推进事物发展”并不意味着单靠按照计划去行动，而是在行动实施之后，对进展不顺利或失败之处不断修正。

达成目标的“PDCA”

你知道PDCA吗？

这是由Plan（计划）、Do（实施）、Check（评价）、Action（改善）的开头字母组成的。反复进行这些事项就会逐渐获得成果。

PDCA所需的具体行动如下：

- **P：制定计划**
- **D：实施计划**
- **C：确认实施的结果**
- **A：重新审视结果，进行改善**

刚才在说到假说思考时说“检验很重要”，这也基于PDCA这一思想。即使制定了计划并展开了行动，如果不对结果进行回顾，不思考改善方案，也很难获得令人期待的成果。

相反，只要反复做好PDCA就能逐渐接近目标。

例如，有多少人会拔掉电器插头，减少冰箱的开关次数，调

图表 11　达成目标的关键——“PDCA”

反复进行PDCA

按顺序实施Plan（计划）、Do（实施）、Check（评价）、Action（改善）就能获得成果、达成目标

Point

① Do（实行）后并没有结束
② 一定要Check（评价）
③ 改善的同时重新审视计划

PDCA的关键是“反复进行”，反复进行就能达成目标

节空调温度，通过具体金额来把握其结果呢？

确认结果的行为极为重要。因为已经实施的行动未必就能达到节约的目的。

为了节省电费而将冷气由平时的26℃调成了28℃后，喝冷饮的次数增加了，结果是冰箱的耗电量和饮料费都上涨了。

不去确认结果，最终导致全无成果的可笑案例举不胜举。**只顾行动毫无意义。一定要对结果进行评价、重新审视并改善计划。**

6.

使用“逻辑思维”与“商业框架”进行最有效率的储蓄

重点 ▶

储蓄与商业一样。
想要达成目标就请尝试利用商业咨询工具。

将商业思考用于储蓄

这里已经向大家讲述了“企业金字塔”“逻辑树”“80比20法则”“假说思考”“PDCA”5个作为储蓄基础的“逻辑思维”与“商业框架”的重要性。

在这里，我们再确认一下适用于储蓄生活的商业思考的好处。

“逻辑思维”与加速这一思考方法的“商业框架”是前人为了提升工作效率而打造出的思考方法。

在商界，要比竞争对手：

- **商品更好、服务更佳**
- **速度更快**
- **成本更低**
- **制造并提供更多商品**

因此，我们在工作的所有方面都会面临如何提升效率这一极为重要的课题。它是我们能否利用捷径到达不可更改的终点，能否胜过竞争对手的关键。

在商业上效率很重要，在储蓄生活上效率也同样重要。

如果希望自己的储蓄额能够每月增加1000日元，那么就可以有“每月辛辛苦苦地从水电费中节省出1000日元”和“变更手机套餐挤出1000日元”的2种方法，选择不同，两者的效率也截然不同。

与节约未来每天都会因不断使用而产生的水电费比，只需一次就能修改好的手机套餐效率更高。

这样做还有可能会节约出空闲时间。

虽说如此，由于每个人的生活环境、生活方式不同，因此不能断言哪个方法更好。但有一个共同的方法可以让我们找出不同的生活环境下最为适合的方法。

那就是利用逻辑思维和商业框架。将逻辑思维与商业框架用于储蓄生活就能找出适合每个人的最佳方法。

也就是说，利用它们就是达成目标的捷径。

本章总结

· 为了达成目标，首先要制作金字塔。

通过分解目的→ 目标→ 战略→ 计划 →行动，保持“梦想与行动的一贯性”。

（企业金字塔）

· 弄清所有增加财富的方法，在其中选择最为适合自己的选项。

（逻辑树）

· 所有行动都不会面面俱到，以重要部分完成80%为目标，效率就会变为之前的5倍。

（80比20原则）

· 先预测，再通过行动再次提高效率。

（假说思考）

· 彻底贯彻计划→ 实施→ 确认→ 改善等一连串动作来达成目的。

（PDCA）

第2章

与梦想和目标有关的储蓄素质

1.

设定你的梦想

重点 ▶

通过想象你的梦想
设定具体的目标。

在前一章中，我已经向大家介绍了作为储蓄生活基础的思考方法和接近目标的方法。

如果将储蓄生活比作房屋，将战略比作顶梁柱，将接近目标的方法比作地基，那么你正处于要牢牢学习地基的构筑方法的阶段。

本章开始，我们将会逐渐进入作为顶梁柱的基础战略的组建。

首先，我们将对如下内容进行详细说明。

- **企业金字塔的第1层（决定未来的梦想）**
- **第2层“设定为实现梦想所需的X年后的目标金额”**

很少有人能在“不清楚目标的状态”下继续努力。

在“不知为谁而工作”“不知为了什么而工作”的状态下，即便在短时间内能够成事，在面对需要长时间持续或困难的工作时就无法努力下去了。社团活动、考取资格证、与疾病抗争，请回顾一下至今为止你最努力做过的事。

那件事中一定有一个让你印象深刻的目标。正因为你对目标带着执念，所以你才能够承受严苛的练习或是学习与痛苦的治疗却并没有退缩。也就是说，实现梦想时一定要设定目标。

这里我会告诉大家确定你重要的“梦想（目的）”的“终点（目标）”的方法。

将梦想变为具体目标的5步

要清晰地描绘目标，就要先充分理解现在的自己。我们以为已经很了解自己了，但其实却并不了解。以下的问题很简单，但能够做出正确回答的人却很少。

“过去12个月的月平均收入是多少？”

“上个月支出中的前3项各是多少？”

“现在你所持有的资产的现金价值是多少？”

如果对现状判断错误，就很难设定现实的目标。

假如制定了一个月平均收入比实际高出1万多日元的储蓄计划，那么你的目标收入一年就会少12万日元，10年就会少120万日元。

这种认识错误会在计划期间就产生影响，因此在制定长期计划时一定要特别注意。

那么，应该用怎样的方法分析现状、设定目标呢？具体为以下5个步骤：

步骤1：想象几年后、几十年后的生活

步骤2：确认自己的储蓄素质

步骤3：确认金钱收支

步骤4：确认所持资产

步骤5：根据现状，设定适宜的目标

步骤2到步骤4是为了解自身的财务现状而进行的分析。

在进行现状分析时也要意识到“这是为了什么”，所以在步骤1中，我们首先要从想象未来开始。

接下来的步骤2的“确认储蓄素质”能够把握自己在储蓄生活上的强项与弱势，步骤3的“确认金钱收支”与步骤4的“确认所持资产”都是在对增收、节约空间进行确认。

最后，在根据现状的基础上将最初想象出的未来具体化，描绘出明确的目标。

没有梦想（目的）的储蓄不会成功

我在工作中看过大大小小的案例超过100个。虽然它们不全由我管理，但我却把握住了它们成功与失败的重要原因。成功的重要原因很多，但是所有成功事例中都有一个共同点。

那就是**设定具体目标并使项目组的所有成员共享这一目标。**与此相反，目标不明确、成员之间也并没有充分共享目标的事例基本都会失败。

在所有成员相信群体价值时，他们就会向着具体目标同步前进，即便项目出现了巨大问题，成员们也会相互协助、克服困难。但目标不明确、成员步调不一致的项目却会在每次出现问题时停步不前。

与此相同，为了储蓄成功，我们也必须要先设定好实现梦想的具体目标。

虽然持有大额现金会让人感到放心，但只是持有现金却会让储蓄的原本价值减半。我们要在使用金钱时发挥它本身的价值。首先你要去想象，将来你打算用储蓄实现什么愿望，成为怎样的人。

“将来你想过怎样的生活？”

“未来你想过怎样的生活？”

最简单的方法就是在明确了储蓄目的之后，深刻地思考一下这一问题。

- **想要一个能够忘记时间、安静读书的别墅**
- **退休后想要住在意大利托斯卡纳的大自然中**
- **想要每年两次海外旅游**
- **2个月带家人去三星级饭店吃一次大餐**
- **买一套最新的家庭影院，每周都能夫妻俩一起看喜欢的电影**

请描绘出一幅你想实现的、美好的、未来生活的画卷。美好的梦想是储蓄生活的原动力。而坚持有效的储蓄生活就一定能够使你梦想成真。

在开始储蓄生活前，请一定对这一梦想进行描绘。也可以将它写在笔记本或家庭账簿上。

2.

确认你的“储蓄素质”

重点 ▶

将“7S”商业框架明确
作为战略制定基础的储蓄素质。

用“7S”重新认识自己

“现在开始让自己具有储蓄素质！”

“弄懂拥有储蓄素质的××个问题。”

诸如以上这些以改善“储蓄素质”为主题的书籍或网络链接举不胜举，它们几乎都在说：

“不能只把花剩下的钱存起来，要每月定存！”

“不要把存款放在抽屉里不管。”

“不只要储蓄，也要学习金融投资方法，获得投资收益。”

这些都是细节问题，就连最基本的“什么是储蓄素质”这一问题都无法回答。

在此，我们利用人称“7S”的“商业框架”对储蓄素质进行系统性的整理、确认。

“7S”是由世界顶级经营咨询公司麦肯锡公司提出的。

①战略（Strategy）

②组织（Structure）

③系统（System）

④价值观（Shared Value）

⑤技能（Skill）

⑥人才（Staff）

⑦方式（Style）

“7S”是取这7个单词的首字母而成的商业框架，经常用于对公司战略执行力的整理。

将这一商业框架融入你的生活后，你就能够轻松确认自己的储蓄素质。让我们来确认下每一项会对你的储蓄素质带来的影响吧！

确认储蓄素质

① 战略：是否有实现目标额的具体战略？

② 组织：准备以何种体制（一个人、夫妻俩、亲子）储蓄？

③ 系统：已经建立了管理储蓄生活（收入、支出、资产）的结构吗？

④ 价值观：是否明确了储蓄生活中的目标与底线？

⑤ 技能：是否具有与投资、节约等相关的储蓄知识与经验？

图表 12　确认储蓄素质的“7S”

商业框架“7S”

世界顶级咨询公司麦肯锡公司倡导的商业框架，经常用于对公司战略实行力的整理。

代入储蓄生活后……

“7S”	确认内容
① 战略	是否有实现目标额的具体战略？
② 组织	准备以何种体制（一个人、夫妻俩、亲子）储蓄？
③ 系统	已经建立了管理储蓄生活（收入、支出、资产）的结构吗？
④ 价值观	是否明确了储蓄生活中的目标与底线？
⑤ 技能	是否具有与投资、节约等相关的储蓄知识与经验？
⑥ 人才	包括自己在内都有哪类人才，有多少人？
⑦ 方式	决定好储蓄生活的方式、规则（储蓄最优先/平时的生活也要丰富多彩等）了吗？

⑥ 人才：包括自己在内都有哪类人才，有多少人？

⑦ 方式：决定好储蓄生活的方式、规则（储蓄最优先/平时的生活也要丰富多彩等）了吗？

① 战略

首先是“战略”，达成储蓄额需要有行动。行动时必须要有实施策略。

战略用来填补目标与现实之间的差距。假如不能做到理智地储蓄，而且没有明确的目标和根据现状分析出的策略，那么储蓄素质就无从谈起。

② 组织

接下来是“组织”。我们会发现有关伴侣的重要性，储蓄生活成功的关键就在于是否有人协助你。有伴侣时，两个人一起储蓄要比自己一个人储蓄的速度快上几倍。协助你的人越多，你就越能设计出巨大的梦想。组织能够表现出储蓄素质的潜力。

③ 系统

储蓄素质中的“系统”是指管理收入与支出的“家庭账本”

与显示资产状况的“资产管理簿”两部分。而且，两者的金融投资方法也是判断储蓄素质的要素，因此有必要对“是否记载了对之后的分析有用的恰当项目”和“是否能够通过数据管理马上就能进行图表分析”等进行确认。

系统表现出的是，如何使储蓄生活中的真实情景清晰明了地与基础数据联系在一起。

④ 价值观

“价值观”是储蓄素质最为重要的要素。换句话说，**价值观就是为什么有必要达成这一目的。**

如果不能让自己或者伴侣、家人共同意识到这一目的是多么重要，即便满足了“7S”中的另外6项，储蓄生活也无法顺利进行。因为价值观是储蓄素质的根本。

⑤ 技能

这里所说的“技能”是知识。不仅是储蓄，知识对于任何组合来说都十分重要。没有知识，你就有可能会被迫绕远路。

“投资的运用方法有哪些？”“怎样减少支出？”是否拥有这些知识会让你在取得同一成果时的效率大为不同。

⑥ 人才

“拥有怎样的人才”也是判断储蓄素质的要素。

最为关键的是有几个人有收入。即使一个人的年收入不可能超过500万日元，两个人合计年收入800万日元也并不是不能实现。

比起从年收入500万日元中拿出100万日元进行储蓄，从年收入800万日元中拿出200万日元储蓄更为轻松。另外，除年收入以外，擅长电脑、有财务经验等要素也会增强你的储蓄素质。

⑦ 方式

最后的第7个“S”是“方式”。请将其理解为储蓄生活中的原则。遵守储蓄生活的基本原则就能知道你对储蓄的态度有多么坚定，因此才能说得上是储蓄素质。

规则可以是“每月定期储蓄一定金额”“不动用储蓄的钱”“利用储蓄的钱”等，它们会成为行动指针。即便最初就定好了目标并且决心为此努力，也还是会出现中途松懈、不再努力的情况。

松懈是储蓄的大敌。事先定好必须遵守的规则会有利于有效而扎实地进行储蓄。

以上是利用麦肯锡公司的“7S”法则对储蓄素质进行的整理与确认。

并不是说只有将“7S”中的“S”全部完美地归结在一起才能进行储蓄。相反，能够将这7项内容做到十全十美的人寥寥无几。

当然，为了拥有更好的储蓄素质，我们有必要尝试改善，但以完美为目标却只能浪费时间，无论到何时都无法开始储蓄。

形成能够满足最重要的价值观的形式之后，其他项目只要达到某种水平即可开始行动，首先一定要行动起来。

利用“7S”法则确定了自己的储蓄素质后，没必要再定期进行重新确认。一旦对“7S”中的各项内容进行了整理，它们就会成为朝着目标前进的过程中时常意识到的要素。

另外，技能、人才等项目并不是马上就可以提高的，需要在每天的储蓄生活中逐渐进行改善。

最后，我向大家举例展示一下利用7个“S”来确认储蓄素质的重要性。

例如，通过“7S”分析得出的结果显示，有人完全不具备金融投资技能。假如此人制定了从储蓄生活之初就利用股票实现年获利10%的计划，那么这一计划就十分鲁莽。

利用“7S”来确认储蓄素质在为实现储蓄目标额而制定战略、推行计划时具有重大意义。

图表 13 利用“7S”确认储蓄素质

“7S”	确认内容
① 战略	战略是使收入上升，支出下降 ·每周打工2次，每次3小时 ·搬家，房租削减1万日元
② 组织	夫妻2人共同储蓄 ·孩子出生后也要在产假结束后上班
③ 系统	没有家庭账本 没有资产管理簿
④ 价值观	在5年后40岁时能够乘坐豪华列车去九州旅游 ·夫妻2人去旅行 ·忘记日常生活，放松一下
⑤ 技能	没有金融投资的经验 没有正式进行过节俭 丈夫有从事副业的经验
⑥ 人才	夫妻2人都有收入 ·夫妻都是正式员工 妻子从事管理，擅长数字与电脑
⑦ 方式	零花钱总共2万日元，含酒钱 平时午餐为盒饭 为了健康与节俭，夫妻都戒烟了

你也可以根据实际情况
按照例子填写“7S”

3.

用家庭账本确认金钱支出

重点 ▶

告诉你最简单有用的
家庭账本制作规则。

好的家庭账本、坏的家庭账本

这里我们聚焦的是“7S”中“系统”部分的家庭账本。以设定目标的5步来说就是步骤3中的“确认金钱的支出”。

步骤1：想象几年后、几十年后的生活

步骤2：确认你的储蓄素质

步骤3：确认金钱收支

步骤4：确认所持资产

步骤5：根据现状，设定适宜的目标

家庭账本是日常工具，但是人们却将它当成“为了记数而记数的家庭账本”“只为了回顾而记的账本”。由于这样的家庭账本记录粗糙，因此是既浪费时间又没有效果的坏账本。

这里我会告诉大家，如何少花时间就能做出改善家庭收支状况的好账本。

没有家庭账本也能储蓄，但利用家庭账本并反复运用PDCA后就会让你的储蓄进度提速。分析家庭账本的数据就能从中发现至今你所忽略的可以改善的地方。

家庭账本只要12项内容

一旦要记账，令人发愁的就是要记录的项目。

如果项目太过笼统，过后将很难进行分析。

记账的目的是发现家庭中的浪费项目并使存款增加。虽然这是件麻烦事，但如果记录过于笼统会很难在账本中发现哪里有浪费。

相反，如果项目过细、过多，那么光是记账就会十分辛苦。因此并不是账本记得细致就是好事。即便努力去做，有时也是在浪费时间。

以餐费为例。不要记载买了多少肉、鱼或者乳制品。

不需要诸如“这个月鱼买得太多了，下个月要控制买鱼，增加存款”的分析，只要统计出餐费总数即可。

“每月5万日元的餐费，这个月却花了7万日元。”

把握这样的事实很重要。只要具有能够对原因进行思考的契机即可。

据此，请在家庭账本中管理以下12项内容。

家庭账本上需要管理的项目

- 收入
- 餐费
- 服装费
- 住宿费
- 水电费
- 医疗费、生活用品费
- 通信费
- 交通费
- 教养娱乐费
- 交际费
- 保险费、税费
- 其他支出
- （+1项）

*+1项是在需要为自己的兴趣花钱或者每月的教育费用出现较大变动时所需填写的项目。但在之后的管理中会出现麻烦，所以最好不要将记账内容增多至13项以上。

请用这12项去进行记账。再重复一遍，项目既不要过于笼统，也不要过于细致。请不要“一叶障目，以偏概全”。

每周记账一次

刚开始记账时你可能干劲十足，每天都不会感到辛苦，但是之后却可能会感到麻烦。另外，如果每天记账却不重新回顾账本，那么记账也没什么意义。

家庭账本要每周进行汇总。

每周汇总一次就不会让钱包中装满各种票据，而且按照“家庭账本上需要管理的项目”将各项费用进行整合，一周的费用只需5分钟左右即可完成。

按周归纳记账时有2个要点：

① 购物必须要开发票或收据

② 不要购买项目外的商品

第一个要点是要开发票或收据。这样即便过了很长时间，也能正确地记账。

第二个要点是不要购买项目外的商品。只买项目内的商品必然就会接近于一票一项，这样记账会非常轻松。

遵守这两点就会使记账变得轻松。

每月对家庭账本进行一次汇总与分析

以周为单位制作的账本要以月为单位进行汇总、分析。

一般我们在买东西时不会每次只买每天生活所需的用量。

比如，在买化妆品或洗发水时，我们都会买回至少一个月的用量。

这样一来，即便分析出每日的家庭账目也没有效率。另一方面，如果是3个月或半年对账本进行一次回顾，那时着手改善又有些晚。

所以，每个月回顾一次账本正合适。

对账本进行分析的方法多种多样，基本着眼点为：

“是否控制在目标支出额以内？”

“与类似家庭比较，你的支出多吗？”

“与过去相比，你的支出增多了吗？”

以此为例。通过这些视点就能发现支出较高的项目，随后思考其花费多的原因与改善空间就会十分有效。

活用家庭账本的3个诀窍

① 自己记账、自己分析

有人不擅长数值或金钱方面的计算，或者有人因为工作忙而没时间记账。但是，**家庭账本必须要由你自己或者你的伴侣来记**。最近还出现了FP（投资规划师）这一依靠专家来记账的选项，但假如你的数字能力并没有自信到比FP还要强时，请尽量避免选择此项。

要正确理解别人制作的数字，就要具有比制作人水平还高的知识与经验，同时还需要为解读这些数字而花费大把时间。

把握自家财政状况的捷径就是自己记账、自己理解内容。

也许对于不擅长数字的人来说，即便是每周拿出5分钟来记账，每月对账本进行一次分析都非常困难。尽管如此，也请你自己来记账。最初的几个月里，你会因为不习惯这种工作而感到辛苦，但持续看同一形式的相同项目后，你就会很快注意到分析要点以及数值的变动等。

② 对事实进行不删减、不添加的正确记载

用于进行分析的账本上的数字必须正确无误。

储蓄生活中的改善行动大半都取决于账本中的数值，因此决不能“记个大概的数值就行了”。

根据模棱两可的信息得出的改善方案依然还是模棱两可。

在和你的伴侣一边讨论一边思考改善方案时更是如此。如果没有值得信赖的数值作为数据基础，那么你们就没法进行良好的沟通，也无法期待获得优秀的改善方案。

因此，购买了98日元的商品就不能在账本上写100日元。即便是1日元的误差也不能有。这时也许只是几元钱的差距，一旦你养成了含混过关的习惯，账本上每年出现的差额就会十分巨大。

有的人习惯把百元以上或是千元以上的金额入账，这样就使

图表 14　好的家庭账本的制作方法

让储蓄成功的账本的基本原则

① 只有12项

② 每周记账1次

③ 每月对账目进行汇总、分析

灵活运用家庭账本的3个诀窍

① 自己记账、自己分析

② 对事实进行不删减、不添加的正确记载

③ 数字化管理

数据的可信度从一开始就降低了，因此要尽量避免。

这时可以删减项目数或记账频率，制作出有用却不费事的家庭账本。

③ 数字化管理

推荐大家利用电脑或平板（iPad等）对家庭记账簿进行管理。有人也许不擅长使用电脑，但用它记账并进行分析的效率与人工大相径庭。用纸或计算器需要几小时才能完成的工作，电脑只要几分钟就能做完。

假如分析工作毁于一旦，那么为储蓄生活提速的至关重要的PDCA就极有可能会丧失功能，因而也就失去了制作家庭账本的意义。

制作家庭账本自身并没有意义。精确地把握家庭财政状况，并将它用于其后的行动中才是其意义所在。

将计算数值的工作交给电脑，我们则要将注意力重点放在制定战略上。

4.

给家庭支出做健康诊断

重点 ▶

只有家庭账本还不能搞清楚家里的财政状况是否健康，要定期检查资产管理簿！

制作资产管理簿

或许你会感到有些意外，但只凭家庭账本并不能明显地显示出家庭的整体财政状况。我们还需要一本资产管理簿。

资产管理簿就是记载财产与贷款的清单，是使家庭账本的情报价值获得飞速提升的账簿。如果将它们比作健康管理，那么它们就会表现为：

- **“家庭账本”是日常饮食内容、运动内容的记录**
- **“资产管理簿”则是定期健康诊断的结果**

即便通过“饮食与运动记录”判断出在当前生活中盐分摄入量过多、运动量小。但单是这样却无法弄清更进一步的状况。

接受“定期健康诊断”后就能了解到自己现在是血压偏高还是患了重度高血压病症，或者是否没有异常，然后再来实施“控盐”“增加运动时间”“配合服用降压药物”等适当的措施。

将“饮食与运动记录”和“定期健康诊断”2种情报搜集在一起，就能更加准确地把握现状，实施高效的措施。

最简单的资产管理簿的制作方法

即便很多人已有“家庭账本”的制作经验，但却很少有人有制作“资产管理簿”的经验。“资产管理簿”这一名字给人的感觉好像很高深，但其实资产管理簿的制作十分简单。只要填入现有的“资产”和“贷款”即可。现在，我们来对资产与贷款进行顺序说明。

资产清单要有以下8项内容：

① 存款

② 现金

③ 储蓄型保险

④ 有价证券（股票、信托投资、债券、邮票、商品券等）

⑤ 自有房屋

⑥ 汽车、自行车

⑦ 不动产（自有房屋以外）

⑧ 其他（贵金属等）

按现价将这些项目记录下来。

不要记录自有房屋或汽车购买时的价格，要记录当前售价。出售价格可参考网上或杂志上类似商品的销售价格。

这时最为重要的是“严格估算”。

我知道每个人都希望给自己的东西定个高价出售，但这时却要严格以低于市价5%~10%的价格进行定价。保险要记录解约时的金额。这一金额可以向保险公司咨询后做出判断。

贷款清单要有以下6项内容：

① 房屋贷款

② 汽车贷款

③ 教育贷款

④ 奖学金贷款

⑤ 信用卡贷款

⑥ 其他

与资产一样，贷款要记录当前的还款金额。

各项贷款一定要有明细表，一边对照明细表，一边填写金额。这样就完成了“资产管理簿”。

图表 15　资产管理簿的制作方法

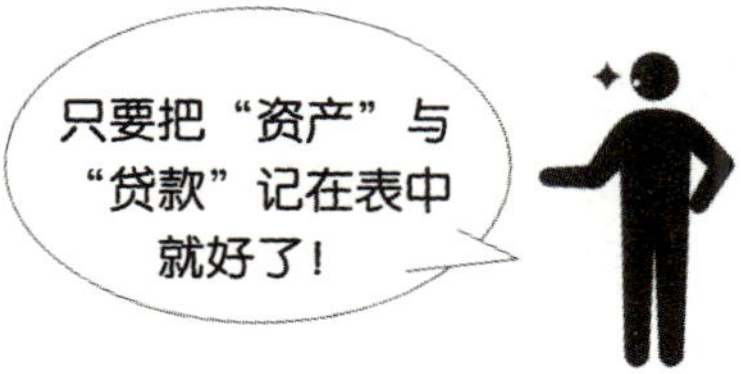

资产清单

◎存款　　日元
◎现金　　日元
◎储蓄型保险　　日元
◎有价证券　　日元　（股票、信托投资、债券、邮票、商品券的总额）
◎自有房屋　　日元
◎汽车、自行车　　日元
◎不动产（自有房屋以外）　　日元
（自有房屋、汽车、自行车、不动产：不要记录购买价格，而是记录出售价格）
◎其他　　日元　（贵金属等其他资产）

贷款清单

◎房屋贷款　　日元
◎汽车贷款　　日元
◎教育贷款　　日元
◎奖学金贷款　　日元
◎信用卡贷款　　日元
◎其他　　日元
（不要记录贷款额，而是记录当前还款额。利用明细表确认）

每年更新一次即可

资产管理簿完成后要像做定期体检一样，每年更新一次。但若因买房、买车或者投资股票等使金钱发生巨大变化时，要立即进行更新。

通过资产管理簿了解“家庭收支的强弱”

用资产管理簿上的资产扣除贷款金额就能得出净资产。净资产的多少展现出了家庭财务状况的好坏。

家庭财务状况好坏程度=净资产=资产–贷款

如果净资产为正，那么就满足了最低条件。净资产为负时，说明你的收入正处于捉襟见肘期，应该尽早整理贷款，并且需要使家庭财务状况健全起来。

图表 16　最终定形

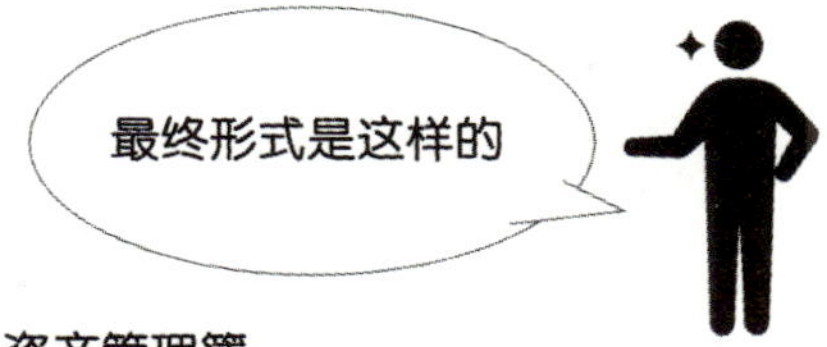

资产管理簿

单位：日元

项目		前次	这次	差额
		××年××月××日	××年××月××日	
资产	存款	1,800,000	2,000,000	200,0000
	现金	100,000	100,000	0
	储蓄型保险	0	20,000	20,000
	有价证券（股票、信托投资、债券、邮票、商品券等）	0	0	0
	自有房屋（含土地）	0	0	0
	汽车、自行车	450,000	450,000	0
	不动产（自有房屋以外）	0	0	0
	其他（贵金属等）	30,000	30,000	0
负债（贷款）	房屋贷款	0	0	0
	汽车贷款	0	0	0
	教育贷款	0	0	0
	奖学金贷款	2,000,000	1,800,000	-200,000
	信用卡贷款	0	0	0
	其他	0	0	0
净资产		380,000	800,000	420,000

用“资产”扣除“贷款”后
就能得到你的“净资产”

‖

净资产=你的家庭财务状况的好坏程度

5.

设定作为目标的数值

重点 ▶

设定目标与日程安排，
有助于“实现梦想”。

“不苛刻，不奢侈”的原则

如果你能实施本节中的内容，你就会看到你“未来的梦想”和“现状”。作为本章的尾声，这里根据“未来的梦想”与“现状”两方面的情报描绘具体的目标。

设定目标的大前提是“不要设定不可能实现的目标”。

有人可能觉得自己设定的目标理所当然，因此在最初干劲十足的阶段就设定了一个高远的目标。刚开始实施时虽然没有问题，但随着时间的流逝、热情的消失，这时才发现这一目标太过遥远，从而半路受挫。

另一方面，轻易就能实现的计划也毫无意义。因为你的生活与此前并无变化。千辛万苦得来的现状分析要物尽其用，一定要设定一个能够提高自己生活质量的目标。

为了获得具体印象，我们可以尝试进行模拟实验。

下图为年收入552万日元的家庭的每月平均支出。

支出合计为每月含税37.2万日元，因此每年支出为446万

图表 17　好的家庭账本的制作方法

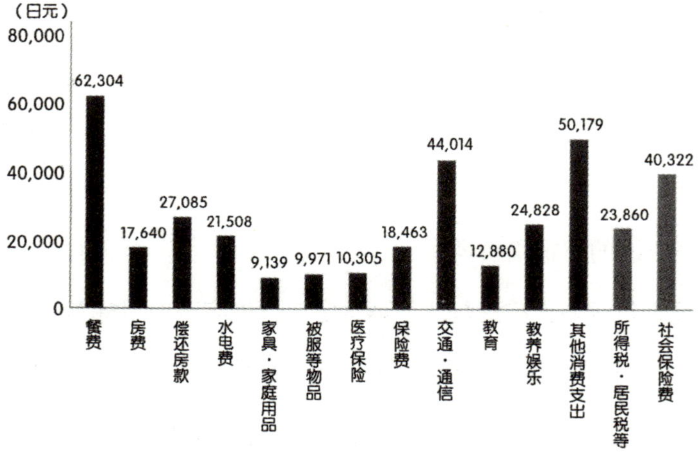

日元。

该家庭收入是552万日元，因此正常生活的情况下每年能够储蓄76万日元。

这里为了能够使储蓄增长，我们可以考虑进行节约。

如果以每月餐费减少3万日元为前提，那么每年储蓄增加36万日元的计划就是不切实际的目标。因为要想将现在的餐费骤然减少一半难度极大。

无论你在杂志上看了多少每月省3万日元餐费的文章，实现起来都十分困难。

假如曾经有过一个月餐费3万日元的情况还有可能实现这一目标，否则想要突然减掉50%的开支几乎不可能。

以我的经验来说，节约10%~20%较为合理。一定要在多次分析结果与目的以及可实现性的基础上再制定目标。

将“用于梦想的费用”变为数值

同样的“梦想”也会因做法不同而出现不同的花费。

以国外旅游为例，乘坐飞机二等舱与头等舱的费用大不相同。

其他还有住宿的宾馆、用餐价位、旅行天数等诸多要素都能够影响到费用。想做的事情要尽量进行具体细致的设想，并将预计实际花费变为数值。

将“何时实现”变为数值

日常安排是将目标具体化的要素。

目标的完成时间会让你的每年所需储蓄额大不相同。

如果打算储蓄300万日元，那么储蓄1年达到此金额与储蓄3年达到此金额所需要的努力大不相同。

当一年的理想储蓄额变为3倍时，并不是只要3倍努力就能达到的。储蓄3年达成目标时只需节约60%，而储蓄1年达成目标则要100%节约。

按照“80比20法则”进行思考的话，此时的努力一定要超过3倍。

每个人都想尽快实现自己的梦想。但是过于着急则会中途受挫，导致梦想无法实现。

要将“不苛刻，不奢侈”作为原则，设定适宜的目标完成时间。

将“所需存款额”变为数值

对所需存款额进行具体计算。与实现梦想花费相反，计算目标存款总额时，我们要将其带入日程安排中，将其细化到每个月。将每个月、每年的目标积累起来就会实现最终目标。

计算每月的存款额时，要对储蓄素质、收入与支出、所持资产现状等进行核对，对是否能够实现梦想做一个粗略的判断。当梦想难以实现时就需要重新思考所需费用与日程安排。

只要能将你想要实现的“梦想”落实为具体的数值目标，那么距离你“实现梦想”就更近了一步。

图表 18　将目标变为数值的3步

① 将“用于梦想的费用”变为数值

仔细算出为实现梦想而
需要的金额

如果梦想是旅行，那么就要具体到飞机票、
宾馆等级、交通费与购物费用等

② 将“何时实现”变为数值

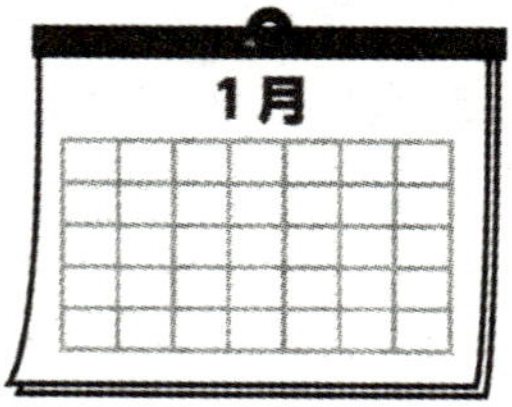

定好实现梦想的日期（年）
写出在几年后实现这一目标

③ 将“所需存款额”变为数值

定好“所需存款总额”
然后将其细化，还要计算出每月
所需存款额

关键是“不苛刻，不奢侈”

6.

与伴侣协作

重点 ▶

与伴侣一起为目标而努力
会让储蓄生活变得有趣又高效。

有伴侣协助，如虎添翼

“伴侣与储蓄生活的关系”并不是所有人共有一个项目。但是，对于有伴侣的人来说，如果在这里受挫，那么你的储蓄生活就会变得极为痛苦。

在设定目标上，“与伴侣达成共识”十分重要。

是否能够得到共同生活的伴侣的理解与协助会对梦想的实现产生巨大的影响。即便目标还很遥远，只要你与伴侣意见一致，就有可能合力到达终点。

假如无法获得伴侣的理解，那么即便是只需3步就能实现的梦想也会变得困难重重。实际上，由于不能获得伴侣的理解而导致储蓄生活失败的案例比比皆是。

例如，你想把买新棉大衣的钱存起来用作家庭旅行，但你的伴侣却擅自买了昂贵的大衣，这要怎么办？

“为了能够让存款增加一点点，我自己都忍着不买大衣了……”你应该会很生气。如果你不满地对伴侣说“这是浪费”，那么对方可能会说“我每天都在工作，难道还不能自己做主买件大衣吗”，如果你告诉伴侣，其实你也想买但却一直忍着，那么对方可能就会说“那就买啊”。

如果这种争执反复出现，即使最后你存够了钱，但失去的却是与家人一起旅行的快乐气氛。

这一事例看上去像是买新大衣的一方做得不对，但却绝非如此。

问题的根源不在于买大衣，而在于双方针对储蓄目标没有达成共识，因而并没有建立起合作体制。

与伴侣一起获得成功的储蓄生活的三个要点

与你一起生活的伴侣既有可能成为敌人，也有可能成为伙伴，其影响力非同凡响。注意留意以下3个要点就会与伴侣建立起合作体制。

① 注意不要自以为是

② 与伴侣一起共享家庭收支情况

③ 进行彻底对话

① 注意不要自以为是

在制定明确的目标时，只是将目标细化、推算出具体的目标额还不够。因为不顾伴侣而自以为是是很难实现梦想的。如果不能设定共同的目标，那么就会招致对方的不满。

从上面买大衣的事例中我们就能明白，伴侣的不满是坚持储蓄时的最大障碍。这绝不仅仅是金钱方面的问题，而且还会变成精神方面的负担，不能轻视。

在两个人不能心情舒畅生活的环境里很难做到节约与储蓄。

另外，即便你是为了个人的梦想而储蓄，伴侣是否理解也决定了你的储蓄是否能够成功。

如果你什么都没对伴侣说，却在临近目标实现时突然说“我要买台100万日元的新车”，对方会怎么想呢？

“现在开的车不也挺好吗？”

“有100万的余钱，与其买车还不如用在孩子教育上。”

当听到伴侣说这些时，你不仅不会感觉到实现梦想的喜悦，还有可能会否定梦想自身的价值。这样就太遗憾了。

结婚的人要切忌自以为是地认为储蓄是“为了家人”，以及自以为是地认为“我自己做就行”。

② 与伴侣一起共享家庭收支情况

在双职工家庭与单职工家庭中，很多夫妻都不知道对方的收入或存款。

“我们是双职工家庭，因为想过各自独立的生活，因此只有每个月的生活费是各自拿出一半共同花销的，剩下的部分自行支配、自行储蓄。”

“妻子（丈夫）是全职太太（先生），所以我每月给伴侣×万元，我们就用这些钱生活。剩下的工资我自己保管，如果有大额花销时再另外商量。”

人世间有多种多样的生活方式，我知道很多将自己的生活过得有声有色的实例，而且也理解尊重对方私生活的重要性。

但是，**有关金钱，两个人应该开诚布公**。如果两个人无法了解到整个家庭的收支状况，在财产不透明的情况下会出现很大的风险，而且还会使家庭面对突发事件的应对能力下降。

与想要共度一生的伴侣生活在一起更是如此。这个月、今年或者2~3年内各自掌管财务或许不会出现问题。

但如果你想要实现自己或家人的梦想，就要彼此公开收入、存款与贷款，构建稳固的家庭收支情况基础。

③ 进行彻底对话

金钱话题是个敏感话题。越是重视对方，可能就越没有勇气说起这一话题。但这个话题一定不能避开。

“为实现彼此的梦想而相互理解”“为了双方能够心情舒畅地生活”，这样的对话必不可少。

不要吞吞吐吐，大大方方地聊一聊。你的收获会很大。当你与对方思想一致时，接近梦想的速度就会迅速提升。当梦想实现时，你的喜悦也会加倍。

一旦你决定要和对方“说说未来的梦想与储蓄”时，你想向对方表达的可能是希望对方能够配合你。

这时不要只希望对方理解你的想法、一味自说自话。如果与对方出现了分歧，就会无法顺利地进行对话。

对话时的要点是，首先要仔细地听取对方的意见，并且要理解对方与自己的不同。

我们经常会希望身边的伴侣“想我所想”，但是对方却不可能有与我们完全一样的想法。

因此，我们要细细聆听对方对未来有什么想法，对方有什么梦想。

接下来，毫无保留地将自己的想法告诉对方，努力使对方能够理解。

对话中要坦率地将自己的意见告诉对方，关键是要站在对方的立场去说明。绝不要将自己的想法强加于人。

在两人的思考方式的逐渐磨合中找出最适合你们的接洽点。

本章总结

· 将梦想变为具体目标时，“现状分析”必不可少。

· 进行现状分析要运用“7S”“家庭记账簿”与“资产管理簿”。

· 根据梦想与现状分析结果描绘出“不苛刻，不奢侈”的目标。

· 最后确认储蓄目标额的可实现性。

· 有伴侣的人要与其进行反复对话，以求在储蓄生活中获得伴侣的理解与帮助。

第3章

储蓄战略与计划表

1.

推敲储蓄战略

重点 ▶

决定“如何增加收入”
“如何减少支出”。

先是增收！再是节约！

第2章中，我们介绍了在企业金字塔第1层的“决定未来的梦想”以及第2层“设定实现梦想所需的×年后的目标额”的方法。

当你的梦想清晰，制定了可行的具体目标后就要开始进行战略研究。

本章中将对金字塔第3层的“储蓄战略”与第4层的“计划与行动”进行说明。

方法错误意味着无法实现目标，“缘木求鱼”一词让我们清楚地知道，战略策划是实现目标的重要因素。

不要只在意眼前，要着眼全局制定并实施合理的战略与计划。

学习完本章后，企业金字塔的4个步骤就全部讲完了。

在考虑如何使钱财增加时，首先要运用“应该增加收入吗”“应该减少支出吗”的选项（参照第1章逻辑树）。

大多数家庭会减少支出，也就是选择节约。

但是，即便困难也要努力增加收入，这才是优先选项。

其理由有三。

①节约空间有限

节约空间有限。生活中最低限度所需的餐费、房费等是很难削减的。

“牺牲健康削减餐费”“在极度节俭的生活中累积压力”等都是过度节俭，由于身体状况不好或压力太大而导致的反弹最终会使储蓄生活产生负面影响。

与有限的节约相比，我们可以通过努力增收来充实存款。

②家庭收支状况稳定

通过增加收入的途径实现增收会使家庭收支状况稳定。如果收入途径只有一个，那么当你病倒或工作单位破产时，收入就会变为零。

2013年日本倒闭企业数量为1万855家，每天约有30家公司倒闭。倒闭的风险就在我们身边，你也不例外。

拥有多个收入途径就会使家庭收支状况稳定下来。

③增加经验

要提高收入就要对新工作发起挑战，要挑战就要多多学习。例如，即便你有与该工作相似的工作经验，但也不会是完全相同的工作与环境。当你一边进行现有工作一边进行新工作时，要提升自己对于时间的管理能力。

不要害怕失败，不要害怕辛苦，尝试挑战吧。不断打磨自己就会获得未来丰富多彩的生活。

通过以上3个原因可以看出，增收应该优先于节约。节约并非不重要，但最好是在增收的同时在家庭收支上做到节俭。

“增收”与“节约”措施的组合方法

在确认储蓄战略的前提后要制定具体措施。

首先要进行的是把握现状与目标之间的差距。

如果能够彻底进行第3章前的现状分析，并描绘出明确的目标，那么这里的操作就会十分简单。

首先，将第2章中为实现梦想的所需变为花销数目除以实现梦

图表 19　措施组合方法

① 掌握每月所需储蓄额

② 用①减去现在每月的储蓄额，掌握差额

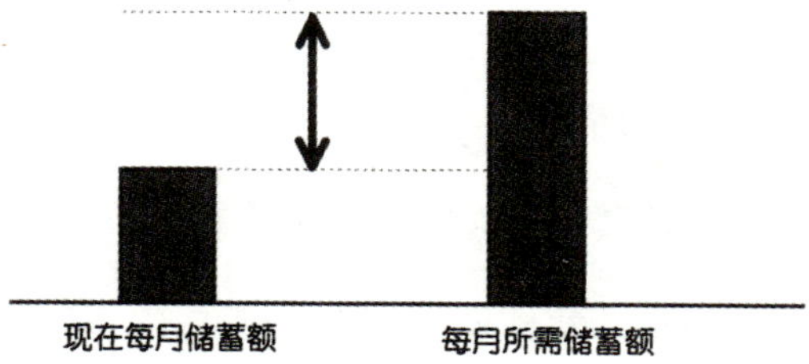

③ 大致决定增收措施与节约措施的金额

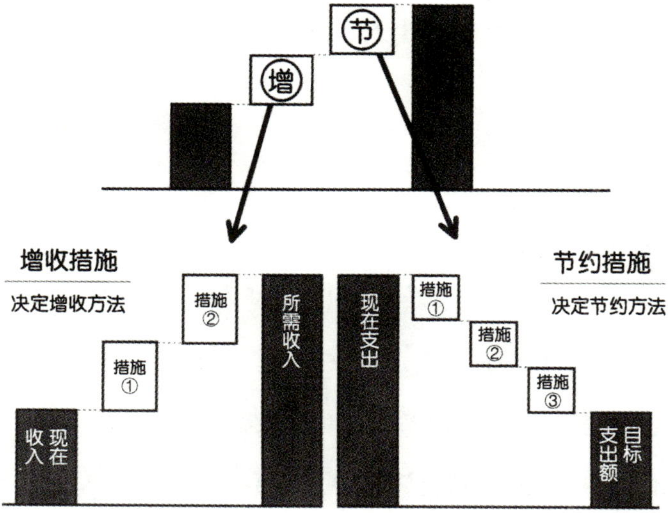

想所需的月数，计算出每个月所需的储蓄金额。

用这一所需储蓄金额减去现在能够储蓄的金额，掌握两者的差额。

然后决定利用增收、节约或各种方法来填补这一差额，实施具体措施。

增收措施与节约措施的金额稍后会对照具体措施进行详细调查，这一阶段只需靠大致感觉做出决定即可。

前面已经说过，实施增收措施好处更多，因此思考顺序为增收→节约。

那么，接下来就对决定增收措施、节约措施的具体策略进行说明。

给增收措施排序

尽管前文已经说了要进行增收和节约措施，但有人也许还为不知要讨论什么而感到不安，这完全没必要。

你所要采取的手段已经写在了下页中。

请大家回忆一下第1章中介绍的使金钱增加的逻辑树。

图表 20　好的家庭账本的制作方法

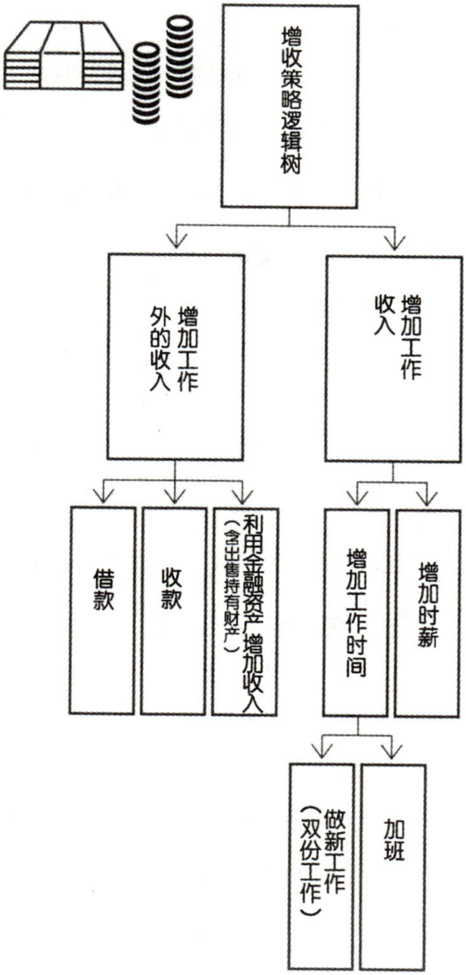

我将这一逻辑树无一遗漏地整理了出来，其中一定会有适合你的策略。

在通过逻辑树整理出的这些手段中，你只要找到“哪个能够用最少的劳动力使我的金钱增多”就可以了。

增加收入的手段多种多样，其中我们应该采用的现实方法是“做新工作（双份工作）”和“金融投资”。

“贷款”会在短时间内使钱财增加，但这却与储蓄背道而驰，因此要排除掉。

“收款”需要外力推动，也不能作为储蓄战略的选项。

“增加时薪”是重要的手段，但是这需要以职位晋升为前提，很难自己控制。因而不能将其纳入计划，只要不断努力就好。

剩下的还有“加班”。它立竿见影，但要做到“为了让工作完美而加班”，而不是“为了增加收入而加班”。

加班是能在短时间内产生最大价值的工作，但以长期视点来看，前面提到的晋升、加薪等更为有利。

无论如何不能为了眼前的利益而不断重复毫无意义的加班，不能降低自己的价值。

鉴于以上原因，增加收入的最好方法就是“做新工作（双份工作）”和“金融投资”。

下一章中会对“金融投资”进行详细解说。因此在这里对“做新工作（双份工作）”加以说明。

“做新工作”包括全职太太（先生）除了家务劳动外所从事的副业。

听到要做副业，大家可能会感觉无从下手。根据独立行政法人劳动政策研究研修机构公开的“副业人员劳动调查”数据统计表明，12个日本人中有1人从事副业，4个从事副业的人中有1个是公司正式员工。

想想看，你所擅长的和你想要努力研究的东西是否能够换为金钱呢?

你可以利用周末时间打工或者利用互联网开网店，选择多种多样。

“你想利用哪种技能？”“你要怎样分配时间？”“工作地点是否有限制（要求）？”“目标收入是多少？”将以上这些条件整理好，然后在互联网上或者招聘杂志上搜集情报吧！

给削减支出的方法排序

家庭状况不同，减少支出的最为有效的手段也会不同。本书中以日本平均家庭作为样例，对如何轻松找到适合各家庭的手段进行具体说明。

首先，将在第2章中说明过的家庭账本中的支出项目按金额排序，越是大笔支出越能够削减。

与其从每月1万日元的花销中节约5000日元，不如从每月5万日元的花销中节约5000日元更加简单。另外，从每月5万日元的花销中有可能省下1万日元，而1万日元的花销无论怎么节约也只有1万日元。

按照80比20法则，要想将花销变为零需要极大的努力。

图表21以年收入522万日元的家庭的支出为例进行了实际分析。

请在自己的家庭账本上照此形式绘制图表。

然后将你的家庭支出进行排序。

这样就会出现一个用最少的劳动就能做到的减少支出的优先

图表 21　将家庭账本中的项目按照金额进行排列

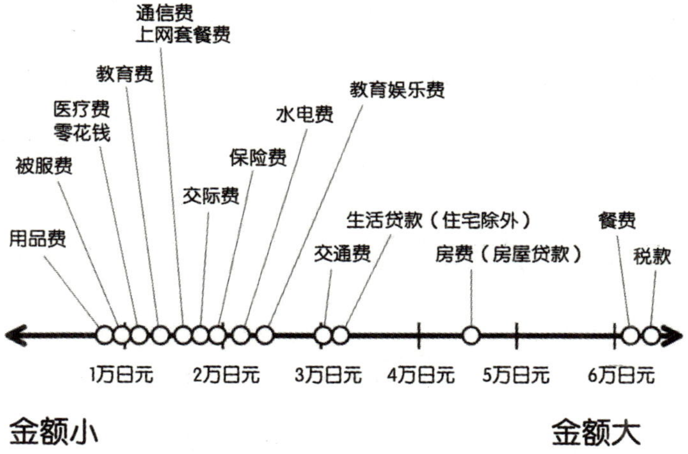

顺序。在进行这一工作时，固定费用的优先顺序要靠前。再次进行检查时，要将这些能够长期显效的固定费用按照削减时的费力程度进行排序。

“买时装太奢侈。”

“生病产生的住院费不能再进行节约。”

“孩子的教育费用要毫不吝惜。”

每项费用削减时的难易度都会受到家庭收支状况或策略的影响，从一般观点上看，我将分类事例做成了图表。

制作方法是按照金额顺序将前面图表中的各项费用再按照削减难易程度进行上下排列。

请参考图表22。

零花钱、房贷等是固定费用，而且也受自己控制，削减起来很容易。

教养娱乐费、生活用品费是由自己决定花费金额的项目，同时也要考虑确保生活所需，因此定为较容易削减的项目。

交通费、水电费等是在生活中一定会出现的花销，并且是需要持续努力但却效果不大的部分，划分为稍费力的项目。

如果买了房子，那么只能通过变更还款利息与维护费进行削减，除此之外节约的自由度很小，因此分类为稍费力的项目。

最后是税款与医疗费。医疗费是在生病时所需的治疗费用，太过节俭会给丰富多彩的生活带来巨大的打击，因此是最难削减的费用。

削减税款能够为我们带来巨大的效果，但是如果不具备专业知识就会很难削减。另外，在出现贷款时一定会支付利息，因此

图表 22　给削减支出的方法排序

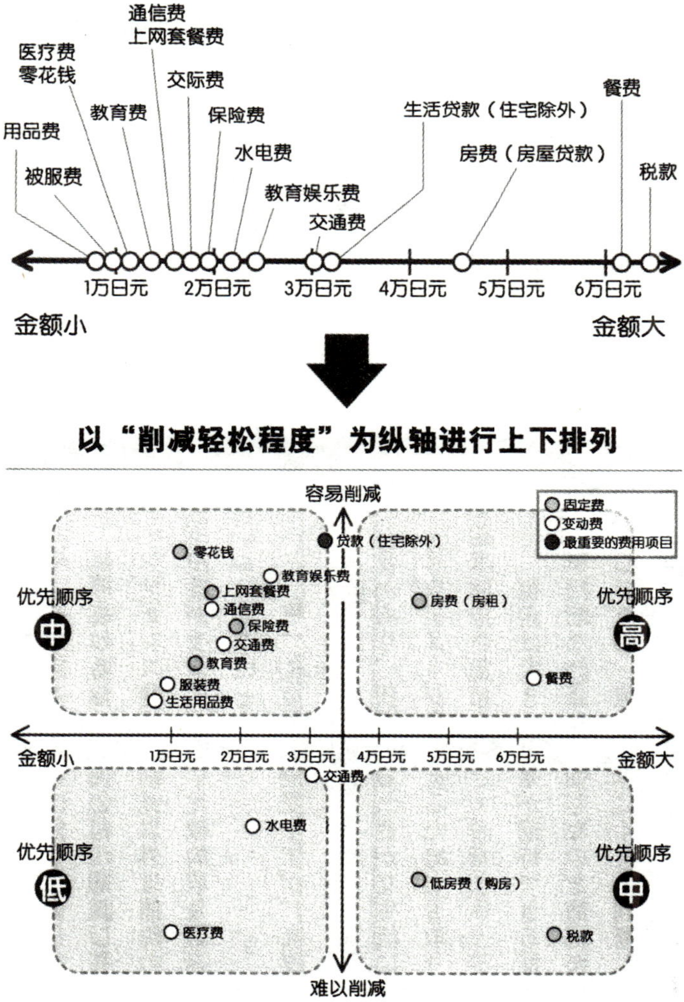

它是需要我们努力削减的重要事项。

每个人的支出项目分布都会不同，但基本都会体现在图表22上。

将这些归类后就可以按照前页图中所示的优先顺序思考减少支出措施，这样通常都会十分有效。

图表 23 支出项目削减优先顺序

优先度	支出项目
最优先	房费（房租）、餐费
优先	零花钱、教育娱乐费、通信费、上网套餐费、保险费、交际费、房费（购房）*、税款*
其次	教育费、服装费、生活用品费
基本节约对象外	交通费、水电费、医疗费

*满足节约条件时可用

硬性节约没有好处

“房租是月收入的×%，餐费×%，零花钱×%。”

有人用设定支出比例的方法来省钱。这也是一种接近目标的方法，但是并不推荐。

理由在此前已经多次提到过了，设定标准会使我们陷入没有目的的节约，无法长期持续。

例如，有人非常喜欢秀美的景色，除此之外别无他求，对于这样的人来说，可以在房屋费用上多一些花销。

即便房屋费用没有在×%以内，只要支出总额是在朝着梦想前进就足够了。

确认增收额与节约额

决定了措施的优先顺序后，接下来要决定每项措施的增收额、节约额。

这里希望大家能够回忆起“储蓄不要以完美为目标”（80比

20法则）。

因为餐费的节约优先度高，于是为了买5日元的便宜鸡蛋而骑自行车到10公里外的超市去，这既浪费体力又浪费时间，损失重大。我们要把这一体力和时间用在其他的增收措施与节约措施中。

阅读下例，抓住每项措施中决定的增收额与节约额给你的印象。

前提条件

- **单职工家庭，年收入522万日元**
- **年储蓄额要比现在增加70万日元**
- **现在收入为每月43.5万日元（含税）**
- **生活费为每月33.9万日元**
- **金融投资获得资金600万日元**
- **房费为每月房租4.4万日元**

*这一步骤决定的是每项金额的“增收额”“节约额”，因而此处没有表明具体的“梦想”内容与存钱目标。

要让实际年储蓄金额增加70万日元，在考虑了税款、余力等情况后，选择了“增收”与“节约”并用，合计可储蓄接近80万日元。

用80万日元除以12个月，每月大约需要增收、节约6.7万日元。

增收预测

·全职太太（先生）做了一份时薪800日元的兼职，每周打

图表 24 增收措施事例

·全职太太（先生）做了一份时薪800日元的兼职，每周打工3次，每次4小时，这样可以增收4万日元

·将600万日元的资金按照年利率2%进行投资，年获利12万日元，每月增收1万日元

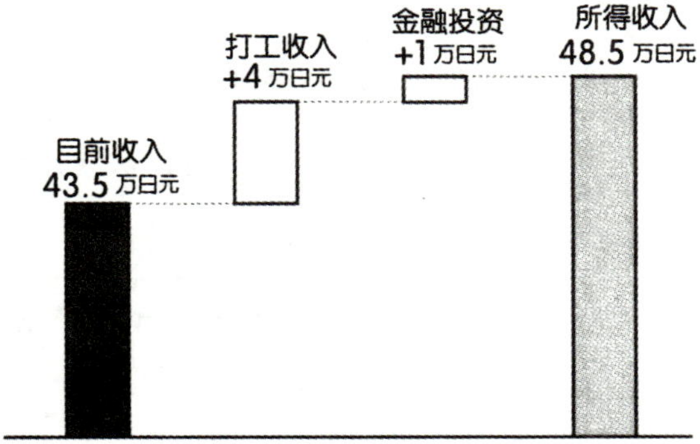

工3次，每次4小时，这样可以增收4万日元。

·将600万日元的资金按照年利率2%进行投资，年获利12万日元，每月增收1万日元。

接下来，这6.7万日元如何在“增收”与“节约”间进行分配呢？既要能够实施，又要保证储蓄金额充足，因此要尽量选用增收措施。

这里选择了“新的工作”与“金融投资”2种增收措施。

由于家里只有一人工作，因此可以利用全职太太（先生）打工的方式月增收4万日元，投资可以每个月增收1万日元。

此时对估算尤为重要的是利用现实数值制定计划。

例如，上幼儿园的孩子下午2点会回家，那么在计算时就不能以每天工作8小时，或者按照市场行情计算薪酬。

投资也是一样，要用稳定的收益来制定计划。

如果收入高于预计，那么多多储蓄即可，这会让计划后半程更加轻松。让我们来看看可实现的目标值吧。

此时预计月增收额为5万日元，要实现月增收、节约6.7万日元的计划，还要通过节约获得1.7万日元。

节约预测

· 从每月6.2万日元的餐费中削减0.8万日元（约减少13%）

· 从每月房租4.4万日元的房子搬到每月房租4万日元的房子，月削减0.4万日元（约减少9%）

· 重新修改零花钱与保险费，削减0.5万日元（约减少18%）

对我们刚刚整理过的节约优先顺序中的“餐费”“房费（房

图表 25 节约措施事例

· 从每月6.2万日元的餐费中节省0.8万日元（约减少13%）
· 搬到4万日元房租的房子，从每月4.4万日元房租中节省0.4万日元（约减少9%）
· 重新设定零用钱与保险费，每个月节省0.5万日元（约减少18%）

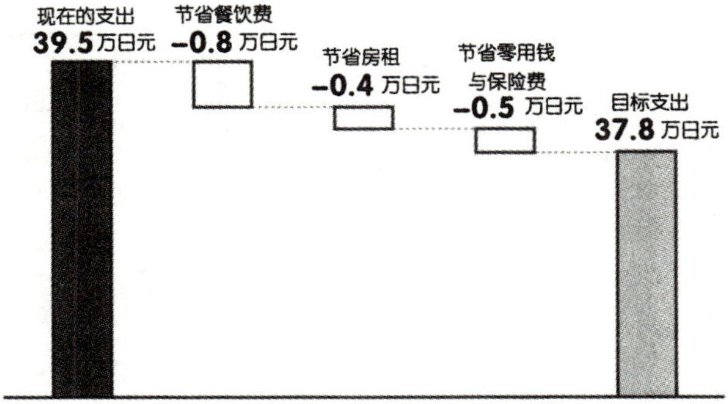

租）”“零花钱与保险费”进行了重新修改，以此制定了节约措施。根据为节约排序的图表，在合理的范围内制定策略。可以尝试以节约现有花销的20%为最大目标。

在这一阶段，逐渐落实每个措施后发现目标额遥不可及，那么有可能是你所设定的目标不切实际。

这时要重新回到第2章，重新修改期限或实现梦想所需的花销，降低目标门槛。

2.

引导我们实现目标的计划表

重点 ▶

决定好要做的事情，
之后只要带着PDCA意识
去实践与记录即可。

制作储蓄计划表

我们确定了目的，描绘出了具体目标，也决定了实现目标所用的手段。接下来就要制作并完成使PDCA运转起来的计划表。

计划表可以用Excel来制作，不懂电脑的人也可以用手绘制。表格制作方法如下。

首先，表格的第一横行要加上以月为单位的日期。

表格第一纵列中加入生活记事、增收措施、节约措施与按月划分的目标额、实际储蓄额以及差额。各项金额都设置累计额度栏。

于是就制成了如下页的表格。先制成这样的格式，将所需事项填进去。该表以前文所讲的单职工家庭年收入522万日元为例填写了各项内容。

图表 26　储蓄计划表的制作方法

表格的制作方法

· 在表格的第一横行加上以月为单位的日期

· 表格第一纵列中加入事件、增收措施、节约措施与按月划分的目标额、实际储蓄额以及差额各项金额都设置累计额度栏

计划表填写要点

1. 填写生活记事
2. 填写措施筹备期限
3. 目标值与实际数值进行比较

要点1

	20××年												20××年											
	1月	2月	3月	4月	5月	6月	7月	8月	9月	10月	11月	12月	1月	2月	3月	4月	5月	6月	7月	8月	9月	10月	11月	12月
生活记事	▼长子上小学											▼结婚10周年												
增收措施1	·开始找工作				·开始打工																			
增收措施2		·开始寻找投资产品					·开始投资																	
节约措施1				·开始削减餐费																				
节约措施2	·找出租房			·搬家																				
节约措施3				·修改零花钱			·保险费																	
目标储蓄额（每月）	6.0	6.0	7.7	7.7	11.7	11.7	12.7	12.7	12.7	12.7	12.7	12.7	12.7	12.7	12.7	12.7	12.7	12.7	12.7	12.7	12.7	12.7	12.7	12.7
实际储蓄额（每月）	6.0	6.0	7.7	7.7	12.2	11.2	12.7	12.7	12.7	12.7	12.7	11.2	11.2	13.7	13.7	13.7	12.7							
与目标的距离（每月）	0.0	0.0	0.0	0.0	0.5	–0.5	0.0	0.0	0.0	0.0	0.0	–1.5	–1.5	1.0	1.0	1.0	0.0							
目标储蓄额（累计）	6.0	12.0	19.7	27.4	39.1	50.8	63.5	76.2	88.9	101.6	114.3	127.0	139.7	152.4	165.1	177.8	190.5	203.2	215.9	228.6	241.3	254.0	266.7	279.4
实际储蓄额（累计）	6.0	12.0	19.7	27.4	39.6	50.8	63.5	76.2	88.9	101.6	114.3	125.5	136.7	150.4	164.1	177.8	190.5							
与目标的差距（累计）	0.0	0.0	0.0	0.0	0.5	0.0	0.0	0.0	0.0	0.0	0.0	–1.5	–3.0	–2.0	–1.0	0.0	0.0							

要点2

要点3

要点1：加入生活记事

当预测到会有大额费用支出的事件时要事先记录在生活记事栏中，时常对此进行确认对有计划的储蓄大有帮助。

例如，孩子升学、换车、置换高额家用电器、探亲。

要点2：加入措施准备期限

增收、节约等各种措施实施前都有准备期。将这一准备期加入并落实到计划表上。

例如，找工作、找房子、考取资格证期限。

要点3：目标值与实际数值相比较

表格制成便于将记录的目标值与实际数值相比较的形式十分重要。以月为单位制作的表格会让我们在储蓄生活中回顾表格时产生逐渐向梦想前进的成就感，即便那是要花费数年才能完成的计划。另外，当目标值与实际数值出现距离时要查找原因，立刻拿出改善措施。

记录了储蓄额的计划表对于你和你的家人来说就是向着重要的梦想而努力的轨迹。

开始储蓄生活

完成计划表后只需要有意识地实施PDCA即可。

利用此前介绍给大家的逻辑思维、商业框架等制作而成的计划表合理、可行且精简，它描绘出了最高效的实现储蓄目标的轨迹（措施、金额、期限）。

之后只要按照计划实施，你就能以最快的速度最高效地接近你的梦想。

本章总结

- 按增收→ 节约的顺序对储蓄战略进行思考。
- 增收措施、节约措施可以从第2章所记载的逻辑树囊括的储蓄手段中选择。
- 所有可选的增收措施中，“做新工作”与“金融投资”最为有力。
- 选择削减支出的手段的标准是“金额大小”与“削减难易度”。
- 决定手段后，制作计划表，进行PDCA。

第4章

为储蓄进行金融投资

1.

储蓄生活中要掌握“金融投资”这一武器

重点 ▶

金融资产有助于储蓄的同时还可以避免资产贬值。

储蓄生活中进行金融投资的作用

假如你能将这一章中我们介绍的内容加以实践，你就会过上有效率的储蓄生活。

第4章中我们会介绍随着储蓄生活的推进，当你有了一定的积蓄后的“金融投资”。

听到“金融投资”，有人会觉得这个比在银行存款的门槛要高得多。

金融投资是给储蓄生活带来强而有力的帮助的武器，掌握了这样武器之后，你的储蓄就会加速增长。让我们一起来看看：不用太过紧张，能够轻松地对储蓄生活大有帮助的金融投资的作用吧。

本章中并不会以组合投资方式、投资时机或者推荐股票等“金融投资方法”为中心，而是为大家介绍储蓄生活中的“金融投资状况”。

将最为适合的金融投资运用于储蓄生活，就会使你摆脱如前所述的一生都在付款和为养老生活储备资金，根本不能为实现自己的梦想而储蓄的“日本人的储蓄方法、花钱方式”，实现你过上更加丰富多彩的生活的目标（有关金融投资方法，相关专家所写的投资商品分类书籍等中都有详细的介绍，请大家自行参考）。

做好资产贬值的准备

首先，简单地就进行金融投资的必要性进行一下确认。

虽然401k（基金式养老保险金制度）或NISA（小额投资免税制度）等带来的影响已经渗透到了金融投资之中，但还是会有很多人觉得“我怕亏本”“感觉好可怕”等理由对投资敬而远之。

或许大家认为银行存款是最为可靠的，但不进行金融投资也会出现风险。

最简明易懂的就是因为物价上涨而出现的现金价值贬值。P145所示的是以1970年为准的消费者食品物价指数变化图表。

虽然消费者食品物价指数在1991年以后变化并不明显，但现在与1970年相比物价已经上涨了3倍。

这表示，**以前用100日元就能买到的啤酒，现在则需要花300**

日元才能买到。在此期间，如果你不用手头的300日元进行金融投资，而是用它们购买国债或者是银行利率超低的定存又会怎样呢？

1970年能买到3瓶啤酒，但现在只能买到1瓶。

也就是说，在物价上涨的过程中，由于你只是在保管现金，因此其价值变为了原本的1/3。虽然面值上还是300日元，但其价值却缩水成了1/3。

300日元或许不会给我们带来多大的伤害，但如果这是你辛辛苦苦赚来的300万日元呢？

如果其价值缩水为100万日元该多么令人悲伤。

为避免这样的情况出现，我们需要让资产增加，至少要能够与物价上涨幅度持平。由于近20年物价并没有太大变动，因此大家难以切身体会到进行金融投资的必要性，但今后的物价却并不一定会永远稳定。

另外，消费税上涨也会导致物价上涨。从避免资产贬值的意义上来说，一定要逐步增加金融投资。

图表 27　资产价值变动

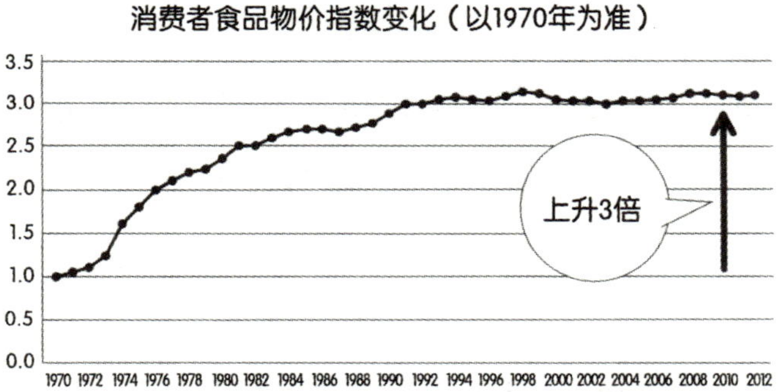

也就是说

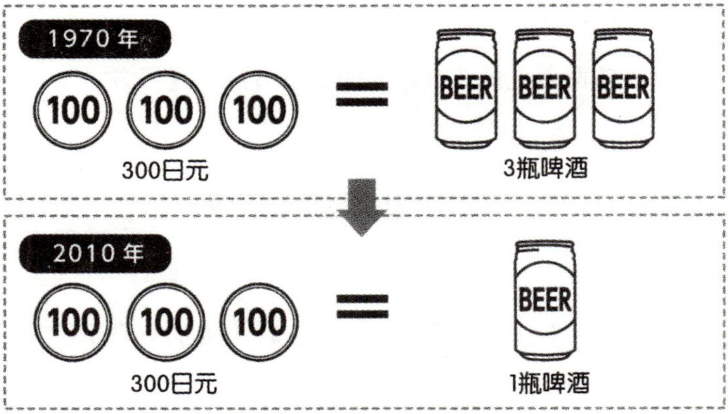

同样都是300日元，但是价值却变为原来的1/3

为避免资产贬值，需要使资产增多到
能与物价上涨持平

让钱再生钱

金融投资的必要性不仅体现在预防资产贬值的消极面上，它还具有为我们的储蓄生活带来帮助的积极一面。

这里我们先将已经介绍过的内容进行一下复习。

① 通过增加收入的途径使家庭收支稳定

② 通过增加收入使存款迅速增多

③ 摆脱前面所说的“日本人的储蓄方法、花钱方式”

怎样利用金融投资使资产增值可通过银行或证券公司的预测而知。

大多数情况下，金融产品都是以3%~10%的复利形式（以投资所得利息为本金再次计息的方式）进行计算的，但只以单利形式（利息不计入本金中生息的方式）也已效果十足。

100万日元按利率3%投资一年后会获得3万日元。

每月只有2500日元可能会让人感觉很少，但不用花费你的一点儿劳动就能每月获得一笔可在高级餐厅里消费的金额，这还不

图表 28　年投资可得利息（标准）

投资利率／投资额	1.0%	2.0%	3.0%
100万日元	1万日元	2万日元	3万日元
300万日元	3万日元	6万日元	9万日元
500万日元	5万日元	10万日元	15万日元
700万日元	7万日元	14万日元	21万日元
1000万日元	10万日元	20万日元	30万日元

令人高兴吗？

如果手头上有100万~300万日元，那么月收入7500日元。这样基本等于每月都可免费去健身房健身。有1000万日元就能月收入2.5万日元，每月的利息部分足够当作零花钱。

辛辛苦苦攒下的钱不仅不会出现贬值的风险，还会让钱再生钱，这样的构成形式怎么会不合理呢？

原则就是低风险、低回报！

那么，使用怎样的投资方式才能有益于我们的储蓄生活呢？

用于储蓄生活的金融投资最为重要的一点就是**“切勿因贪心导致存款减少”**。

大家想一想，为了实现梦想，你努力地存了几个月甚至几年的钱却因为金融投资失败而大幅减少……

那时，你会同时失去为奔向梦想而努力储蓄的积极性。

这次我们再来想象一下金融投资使钱财增多的场景。

即便那是很少的钱，但自己的存款又能产生新的存款所带来的放心感与好心情会让你提高储蓄的欲望。

尽管如此，有人会在投资有些起色时就得意地去购买高风险、高收入的产品。而一旦出现损失就会为了填补资金漏洞而购买高回报产品，毫不考虑风险问题。

不论状况怎样改变，都不能购买高风险产品，不能用投资来博弈。储蓄生活中投资的作用是确保储蓄生活积极进行，提高你的储蓄欲望。

利息为投资额的1%~3%即可。

风险最低的商品是日本国债，即便购买10年、20年、30年的利率也大约只是0.45%、1.25%、1.53%（2014年11月）。即便是在经济不景气时，1%~3%的利率也能够轻松实现。

下图中对投资产品的风险与回报的大小进行了分类。由此图可以清楚地看到，风险与回报的大小成正比。

也就是说，收益性高的产品不安全，安全的产品收益性不高。

当然，即便选择了低风险、低回报的商品也未必就会获得利润。选择了高风险、高回报的产品，如果具有专业知识，也能在某种程度上杜绝风险。

尽管如此，以储蓄生活的原则来说，不要选择高风险、高回报的产品。

实际上，刚开始投资时，首先要靠自己通过书籍、网络等获得的情报来学习投资。

在此之上，建议大家以购买银行、证券公司的低风险产品为前提，选择投资收益2%~3%的产品，不要选择商品期货交易、FX[①]等高风险产品（或产品组合）。

---

① Foreign Exchange，外汇交易。

图表 29　金融投资产品的风险与回报

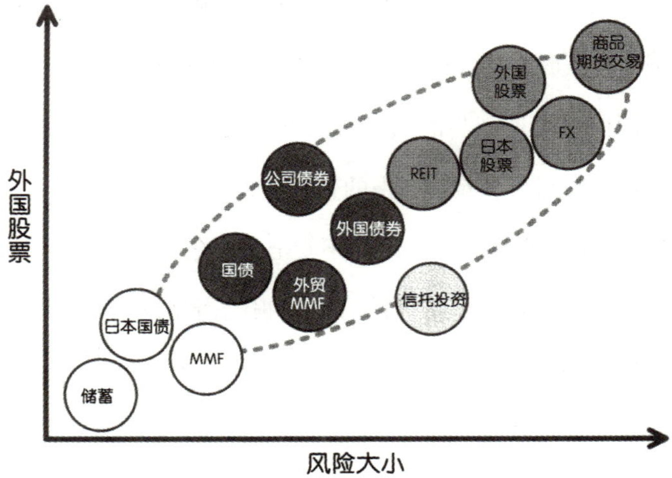

高风险、高回报

商品期货交易、REIT①、外国股票……

低风险、低回报

国债、MMF②、国营公司债券、外贸MMF……

用于储蓄的投资要选择
低风险、低回报的产品

---

① REIT：Real Esate Investment Trust，房地产投资信托。

② MMF：Money Market Funds，货币市场基金。

切勿因贪心而前功尽弃。这里已经多次强调，**收益性高的产品风险也大。**

只选择流动性高的金融商品

为储蓄而挑选投资产品时，一定要选择随时可兑换的“流动性高的资产”。如果设定了3年以上的投资期，那么很有可能会出现意想不到的事态。

金融投资的好处很多，但如果你不能应对突发情况，将会难以保住你所持有的资产（现金）。

当出现意外情况急需用钱时，如果你不能解除投资合约就不能兑换现金。如果你选择的是无法中途解约的产品，那么在解约时就要支付高额费用，那将会对储蓄生活造成恶劣影响。希望大家能够购买可随时变现的产品。

这里从3个方面对流动性高的产品进行了整理。

①是否设定期满日或赎回期限？

商品期满日或赎回期越长，流动性越差。

图表 30　为储蓄生活挑选投资产品的方法

将以下3个要点用于现实之中

只选择安全性高与兑换率高的产品

②能解约吗?

有些商品没有期满也能解约。很多这类产品也会附加诸如投资人身故或需要高额解约金的条件，因此必须要事先清楚中途解约的条件。条件较为苛刻、实质上并不能中途解约的产品流动性差。

③好卖吗?

想要兑换现金时，如果没有他人购买也无法兑换成功。缺乏人气的产品流动性差。

在选择兑换率高、安全性高的产品（或产品组合）时要购买基本金融投资类的专业书籍进行学习。

最后，再向大家介绍一种最基本的方法。

在信托投资产品中选择流动性高的日经指数基金[①]，按美元成本平均法[②]购买是最为有效的途径之一。

---

① 日经指数基金：与日经平均股价、TOPIX等指标联动进行投资的信托投资。

② 美元成本平均法：定期持续地等额购买金融产品的投资手法。价格高时买入数额少，价格低时买入数额多，因此长期投资能够抑制风险，获得稳定的收益。

2.

摆脱一味付账的人生

重点 ▶

利用金融投资步入
人生快车道!

金融投资利润带给你想要的生活

不花钱就不能发挥其本来的价值。但光用辛苦攒下的钱去实现梦想又会感觉十分奢侈。

“有没有什么办法可以不用花费储蓄的钱，又能实现梦想呢？”

这一课题就要运用金融投资来解决。

假如你为了买房子而储蓄了3000万日元。在准备购房时，你有以下2个选择。

·用现金一次性买入

·尽量以贷款买入，用手头的钱进行金融投资

那么，应该选择哪种呢？

大致模拟就会出现以下情景：

一次性购入的情况下，购买时的净资产就是房屋的3000万日元。此后，这套房屋的价值每年减少60万日元。

贷款买房时，首付的300万日元与贷款各项费用等合计20万日元为现金支出，其他手头剩余的2680万日元以单利形式进行年利率2%的金融投资。

以固定1.8%利率贷款2700万日元作为住房贷款，34年还清（总还款年限为35年）。

其他条件均与现金一次性购房时相同。

模拟条件与结果如下图所示。

两者的净资产额之间10年相差320万日元，20年后相差540万日元，很明显，利用“金融投资与贷款”的组合形式更加有益。

根据模拟的结果可知，选择一次性付款的话，30年后拥有的现金为3600万日元。

而选择投资与贷款相组合的方式，30年后除了477万日元现金和能够立刻变现的2680万日元流动资产之外，还有住宅贷款减税238万日元、投资收益1608万日元，加起来是5003万日元，减去贷款剩余的497万日元是4506万日元。两者之间相差900万日元。

而且这里是以单利形式进行的计算，**如果以复利形式计算的**

图表 31　“一次性现金购房”还是“贷款+金融投资”更合适？

模拟的前提条件

现金一次性购买	□ 一次性用3000万日元购买房屋（房屋2000万日元，土地1000万日元） □ 房屋价值每年下降60万日元，最终减少了200万日元 □ 家庭收支每年盈余120万日元，因此每年有现金120万日元
贷款 + 金融投资	□ 贷款购买房屋（房屋2000万日元，土地1000万日元） □ 首付300万日元，贷款手续费（融资手续费、复印资料费、登记等）20万日元 □ 贷款2700万日元，利率为1.8% □ 房屋贷款可减税（10年内贷款余额的1%） □ 金融投资的本金是3000万日元扣除首付与各项费用后所剩的2680万日元 □ 进行单利2%的金融投资 □ 房屋价值每年下降60万日元，最终减少了200万日元（与一次性现金付款相同） □ 家庭收支每年盈余120万日元，因此每年有现金120万日元（与一次性现金付款相同）

（万日元）

购买方式	资产、负债	购买时	1年后	10年后	20年后	30年后
一次性购买	净资产	3,000	3,060	3,600	4,200	4,800
	现金	0	120	1,200	2,400	3,600
	房屋	2,000	1,940	1,400	800	200
	土地	1,000	1,000	1,000	1,000	1,000
投资+贷款	净资产	2,980	3,072	3,920	4,741	5,706
	现金	0	16	159	318	477
	投资	2,680	2,680	2,680	2,680	2,680
	投资收益	0	54	536	1,072	1,608
	房屋贷款减税	0	26	238	238	238
	房屋	2,000	1,940	1,400	800	200
	土地	1,000	1,000	1,000	1,000	1,000
	贷款	2,700	2,644	2,093	1,367	497

贷款+金融投资会在10年后获得320万日元、20年后获得540万日元

话，30年的差额就会在2600万日元以上，不用动用积蓄，利用金融投资与贷款来买房（梦想）更有效率。

尤其是在像现在这样贷款利率低的时期，其优点会更为突出。另外，如前所述，将现金留在身边也会在急需用钱时提升应对能力，使家庭收支更为稳定。

这是以单利2%利率为固有条件进行的模拟演示。我们还要思考一下当条件更为苛刻时会不会出现损失。

假设原本选择了低风险商品，但最终投资失败，最终利率与国债持平，仅为1%。

这时，与一次性现金购房相比，10年后能多赚5万日元，20年后多赚50万日元（房屋贷款不再免税），30年后多赚100万日元。

虽然两者差距不大，但还是建议大家充分利用金融投资。

因为一次性现金购房后手边没有现金可用，选择性受限，而利用流动性资产投资则可以随时兑换现金偿还贷款，同时还能购买到利率更好的产品。另外，在利率1%的复利情况下，30年后最终总计也可获得500万日元。

摆脱一味付账的人生

这里我们以住宅为例，换作其他梦想也是如此。

不要直接从储蓄中拿出实现“想买车”“先去国外旅行”等梦想的资金，而是将这些储蓄来进行金融投资，从金融投资收益中拿出实现梦想的资金。

随着储蓄生活的推进，如果能在反复进行这一过程中实现梦想，那么当你的金融投资额增加时，你的储蓄所获得的支援力度也会增大。

尽可能培养让钱再生钱的能力，想办法不动用存款只利用存款产生的钱去实现梦想，这样你实现梦想的能力才会飞速提高。

我在这一思想下开始绞尽脑汁想办法。

持续了7年的储蓄生活后，2014年底时，我用4500万日元进行金融投资，年获利约160万日元。

每年增加160万日元的收入带来的冲击是巨大的。

将金融投资的三年利润放在一起足够乘坐豪华游轮环游世界。如果将这笔钱当作租房款或用来偿还贷款就能解决居住问题。

这里，让我再对本章开头与结尾提到的“日本人的储蓄方

图表 32 培养“让钱再生钱的能力”，摆脱一味付账的人生

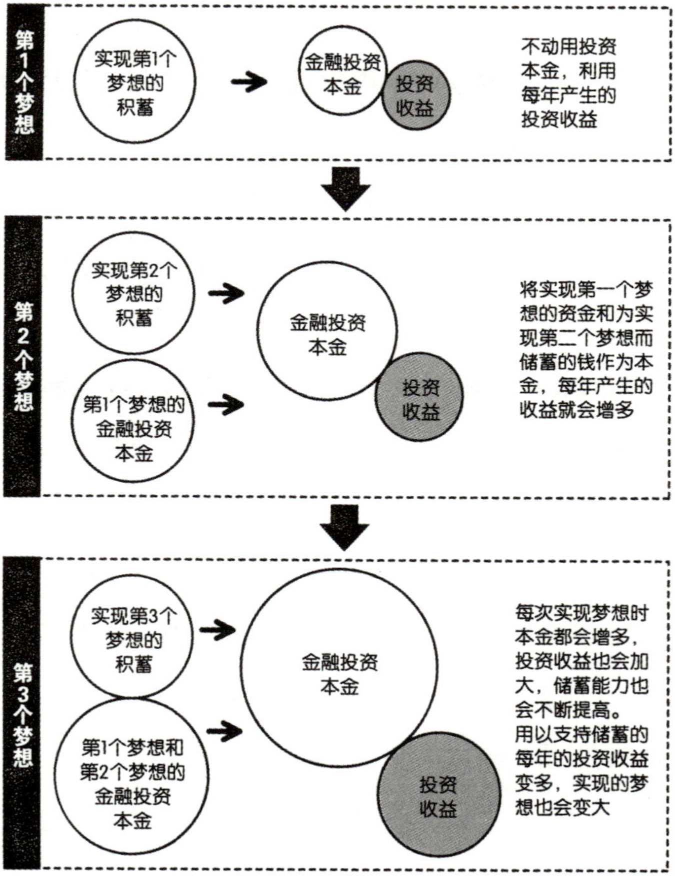

利用实现梦想积蓄进行金融投资，会让你的金钱滚雪球式增长

法、花钱方式”重新进行一次思考。

无论以怎样的形式，日本人最终都会购买数千万日元的房屋，然后为年老后的生活准备大额资金。

其结果就是，虽然一个家庭一生的收入会超过2亿日元，但是疲于付账的生活却要持续30年以上。

即便购买了相同的东西、支付了同样的金额，只要在金钱的流向上稍下功夫，你就能摆脱一味付账的“日本人的储蓄方法、花钱方式”。

这里已经为大家介绍了摆脱一味付账的人生所需的储蓄生活中的知识与最适合储蓄的金融投资的思考方式，接下来就要靠大家采取行动了。

在对有效率的储蓄生活进行实践并实现梦想的同时，用储蓄的钱进行金融投资，大家只要大力培养让钱再生钱的能力就能摆脱其他人所认为理所当然的“日本人的储蓄方法、花钱方式”。

无论你年龄几何，无论你是否购买了住宅，开始行动都不算晚。我们的人生只有一次，请选择让自己、让家人的生活更加丰富多彩的路。

是否立即为实现梦想而努力，它会让你的人生截然不同。

本章总结

· 为防止物价上涨并保证家庭收入的稳定，必须进行金融投资。

· 金融投资的单利利率为1%~3%即可。

· 储蓄生活中的金融投资要避免高风险、高回报。

· 不要把辛苦积攒的钱直接用在实现梦想上，要进行金融投资，用其产生的利润去实现梦想。

· 反复利用为实现梦想而积攒的存款，金融投资的利润就会逐渐扩大，也就更加容易实现梦想。

第5章

利用麦肯锡工具进行储蓄的生活实录

从第1章到第3章，我们介绍了利用逻辑思维与商业框架进行高效储蓄的方法。另外，第4章中我们也对最适合储蓄生活的金融投资的思考方式进行了整理。

在收尾的第5章中，我想在回顾我自己的储蓄生活的同时，对已经介绍给大家的内容进行一次总复习。

在总复习时，我会使用“我自己的亲身体验”。我所介绍的这些储蓄知识都是在我自己7年的储蓄生活中尝试得出的结果，也可以称之为储蓄生活的集大成。

我想把这些知识产生的经过、实效性的高低等都分享给大家。

“经营顾问的提案都是纸上谈兵。”

有时会听到有人这样说。但本书中所说的内容全部都来源于实际体验。

并不是“理论上这么做储蓄会更加有效率”，而是在我实现了存款超过7000万日元后根据实绩脚踏实地总结出的知识。

我本身还没有实现目标，但我相信，如果你能去实践我所介绍的内容，你的储蓄一定会更加高效，也会实现一个又一个的梦想，让自己的人生变得丰富多彩起来。

那么就请来看看7年间我的储蓄生活的轨迹。

读完后，如果你想“为实现梦想过上丰富多彩的人生开始储蓄生活”，我将感到无比欣慰。

从借债486万日元开始

我是在24岁时经济独立的。

与一般的社会新人相比，我的起点要更为严酷。从高中到研究生毕业的9年时间里，我一直在申请奖学金贷款，贷款总额486万日元。虽然是因为自身情况申请的贷款，但对于背负着486万日元的债务步入社会的新人来说，这一起点十分严酷。

顺带一提，据律师联合会公布的“2011年破产事件及个人再生事件记录调查”表明，半数以上的个人破产者都因贷款将近500万日元而破产。虽然很多条件并不一致，但我的贷款总额已经达到个人破产水平。

“要尽快想办法偿还奖学金贷款。”

第一年步入社会的我这样想。这是我朝着储蓄迈出的第一步。

光靠想是无法储蓄的，必须要有行动。

我回避一切自己认为浪费的行为，坚持过了2年多的简朴的储蓄生活。

但是，即便到了现在我还在后悔那2年里的活法。

我应该过得更加有意义才是。结果是，虽然我在某种程度上存了钱，但实际上我却并不清楚我是否有效地避免了浪费。

或许只是我一味在想着节约，但却并没有什么效果。如果是那样，那我一直刻意地节衣缩食过日子真是太亏了。

当时既没有设定每月要存多少钱，也没有确认过每月能够节约多少钱。那时我完全是在过着自我满足式的储蓄生活，坚信我的储蓄生活“没有浪费就能攒下钱”。

如果那时我能决定好储蓄金额、确认节约效果，那么那2年里我就能更快地过上“有意义的储蓄生活”。

借由结婚再次对储蓄生活进行思考

终于有了一些积蓄的我打算结婚。我与同是经营顾问的妻子相识，并且在二十几岁时结婚。

在那时我辛辛苦苦攒下的钱还差一点儿就能偿还全部奖学金贷款了。

但那时的我依然还处于负债的状态。

在结婚前，我告诉妻子，我在40岁之前每月都要还款2万日元。妻子是我重要的伴侣，所以我要尽早将一切坦白地说出来。

而且我也告诉妻子，我不会一次性还清贷款。

最初我确实是为了一次性还款才储蓄的，但我申请的奖学金贷款并没有利息，因此“假如我将现金用以金融投资，那么每月就能获得收益2万日元，这样在家庭收支上的负担会更小吧”——借由结婚，我开始进行重新思考。

当时我还处于猜测的阶段，但这一思考方式却变为我其后的金融投资方针的基本框架。

在过了几个月的新婚生活后，有天下班回家时，妻子的一句话决定了我的命运。

倾听妻子的想法

“我想尽快回到故乡冲绳生活。”

妻子突然说出的话让我大吃一惊。那时候我还没有想到要和她认真地进行一次对话。

自那以后，妻子总会提出“去冲绳住”。在多方面考虑后，我觉得应该弄清楚妻子的话到底有多认真。

我们夫妻共同的爱好是周末一起散步。

我利用散步时间确定了妻子的态度。最后的那次虽然没有明说，但从妻子的表情中，我知道了她有多想去冲绳居住。

现在我还是很想对那时做出这一举动的自己给予一番表扬。

对于刚结婚的我来说，冲绳除了是妻子的故乡外就只是一块陌生的土地，移居简直是“异想天开”“不切实际”的提议。

即便是这样的提议，我也并没有马上拒绝说“退休以后去还行，现在就辞职去冲绳生活太不可能了”，而是认真倾听妻子的想法，反复与之对话。

这一步做得是否坚实直接关系到夫妻是否能够同舟共济。正是因为有了当时的对话，我们才会有现在的充实生活。想到这里我就很想为过去的自己喝彩。

通过实地调查明确目的

决定移居让我们的生活出现了重大变化。

这是和我所想象的未来完全不同的。依靠轻率的预测与不确定的情报而决定移居会非常危险，因此，必须要亲自调查体验，哪怕需要负担费用。既然妻子真的想要回去，那么我就不能敷衍了事。

因此，我开始了了解冲绳的实地调查。

我尝试去多方了解冲绳。为了能够接触到当地的文化与风土人情，我认真地聆听岳父、岳母所说的冲绳人的人情状况以及妻子的伯父、伯母所说的冲绳的事情。

而且，我不仅留心现代冲绳，还通过书籍与景点介绍中的说明文字接触到了历史中的冲绳。

通过实地调查，我发现我逐渐爱上了冲绳。当然，万事不可能尽如人意。也有些是我并不喜欢，或者应该说是讨厌的部分。尽管如此，经过多次实地调查后，我所了解到的冲绳的风土人情都很棒。

于是，移居冲绳成为我们夫妻的共同梦想。

对冲绳实施的调查成为推动我的储蓄生活前进的动力。那个时候，如果我没有去冲绳，没有体验到冲绳的好，没有将移居冲绳作为目的的话，我就有可能在中途放弃。

对于自己和家人来说，**正是因为明确了目的的重要性，所以才能在长期的储蓄生活中毫不迷茫地直奔目标而去。**

共享价值观、生活方式

为了移居冲绳，再单纯的人也知道我现在手头的那点儿钱远远不够。那肯定不是靠“感觉”能够攒下的金额。

“为了实现梦想在所不惜。”

我俩作为经营顾问自然深知这句话的危险性。即便最初劲头十足，但那种劲头却会随着时间的推移而变淡，终有一天会停下奔向梦想的脚步。在基层工作中这种最终停摆的企划设计屡见不鲜。普通的热情会逐渐降温，无法克服困难。

我们花了十几个小时相互交流，确定了这个梦想就是两个人努力的价值。

我们不需要悲观，但需要经常想到我们的严酷状况，这是非常重要的。当你的梦想越大、越重要时，就越不可能只利用空闲时间实现它。

在储蓄中灵活运用咨询手段

“储蓄=忍耐？

“在某方面不能否定这一说法。

“但还有更好的方法可以让你感受不到负担的沉重也能储蓄。”

一旦当你准备开始储蓄，你就要在脑中这样思考。储蓄始终要轻松。也许看起来是有些不务正业，但从长期战略来看，这是非常重要的观点。

在我们思考夫妻两人共同有效储蓄的好方法时，我发现了一点。那就是决定目标，再针对这一目标思考并实施增收或节约的措施。并且每月还要确认储蓄金额，把握问题点，一边适宜地重新认识生活，一边向着目标努力。这就是商业进展方法。

储蓄生活与商场上该有的要素相同。

商业中提高商业效率的咨询手段也能适用于储蓄生活。由此，我确定了利用自己的长处来实现愿望的储蓄生活的基本方针。

利用麦肯锡的“7S”确认储蓄素质

即便是金额庞大的存款，只要你懂“战略方法”也一样能完成。

首先要整理的内容是我们夫妻的储蓄执行力。明确储蓄生活中的“好的部分”和“不足之处”，果断制定储蓄计划。

图表 33　储蓄生活开始时我的储蓄素质（利用“7S”进行的整理）

“7S”	现状分析结果概略
① 战略	还没有发现能够实现梦想的具体战略
② 组织	夫妻2人收入较高，可共同储蓄。 另外，两个人的工作时间较为受限
③ 系统	没有家庭账本、资产管理簿
④ 价值观	明确共有价值观
⑤ 技能	因工作关系，两人都擅长数字、 构建假说、进行现状分析、整理课题、 改善策划案、评价等技能
⑥ 人才	只能利用网页查看一些节约知识、 储蓄知识的程度
⑦ 方式	虽然并不十分明确，但有为实现 目标而忍耐的觉悟

在把握储蓄的执行力时，我首先想到的框架就是麦肯锡公司的“7S”。我们根据“7S”整理的当初的现状分析结果概要如图表33。

根据项目得出的结果零零散散，但由于设定了最为重要的价值观，因此即便其他项目并不完整也能继续前进。

这是在意识到80比20法则时进行的判断。完美的目标始终无法开始，也无法合理地使用时间。

我决定要对分值为零的系统部分进行改善，开始进行早晚会有用的财产盘点（制作资产管理簿）。

那时我感觉没必要制作费时又费力的家庭账本，因此制作了比较式账本。

另外，项目中几乎为零分的还有战略，具有战略才能开启储蓄生活，因此我决定再搜集一些情报后就开始研讨战略。

制作储蓄生活的起跑线——“资产管理簿”

如“7S”分析结果所示，在即将开始储蓄生活时，我们对彼此的资产状况并不了解。

如果结成夫妻之后还要去查对方存折里有多少钱，这会让对方感觉很不舒服。但如果不能清楚地了解现状，就无法弄清为了实现梦想需要存多少钱。

虽然一直在考虑储蓄，**但如果连家里的财务状况都不清楚，那么就会因为不知道“该储蓄”还是“该还款”而无法采取应有的行动。这样根本无法设立起跑线。**

为了把握住现实与目标的差距，我和妻子进行了一次有关资产的坦诚对话。

妻子首先公开财务状况，同样都是经营顾问，不用我来说她也很清楚需要把握现状。于是我们决定彼此公开财务情况。

这时我们确认的不仅是银行存款。为了确认个人所拥有的全部资产，我们将彼此的理财产品与股票现价等都放在一起制作了资产管理簿。

当时的结果如图表34所示。

我俩工作了3年多的合计金额不到1000万日元。按这种速度储蓄的话，我们还需要10年才能攒下3000万日元。

我们需要快速实现梦想。如果没有轻松之路，就无法让我们

图表 34　2007年时我们的“资产管理簿”

单位：日元

项目		2007年4月
资产	存款	5,200,000
	现金	120,000
	理财型保险	0
	有价证券	800,000
	个人住宅	0
	汽车、摩托	0
	不动产	0
	其他	100,000
负债	住宅贷款	0
	汽车贷款	0
	教育贷款	0
	奖学金贷款	4,300,000
	信用卡欠款	0
	其他	0
净资产		1,920,000

振奋下去。

从个人金库变为真正的家庭收支

我们借由公开资产将“个人”收支变为了“夫妻合计”收支。

我们的最大目标是将“7S”中确定的2个优势——“2股干劲”和“咨询技能”的效果最大化。

也就是说，要让家庭收支完全透明，再用便于双方观察的措施将计划、行动、评价、改善（PDCA）等必要情报进行整理，创造出能够最大限度发挥我们的能力的环境。

我们彼此把握整个家庭收支情况的好处超出预想。

由于共享了基本信息，因此PDCA的循环得以顺利运行。现在回想起来，当时取得的最大效果就是“在向夫妻共同的储蓄生活迈进中产生的强烈的责任感”。

只有夫妻一方把握家庭收支状况，或者有一方并不知道收支状况，都不可能做到信任对方，因此也会使自身的责任感减弱。

但是，假如双方掌握全部信息、共享同样的信息时储蓄没能

按计划顺利进行，这时夫妻双方都会自觉地认为这是“我们”或者“我”的责任。

当意识到这是自己的事情而非别人的事情时，个人的努力程度等都会大不相同。

从相互尊重隐私的观点出发，很多人会避免家庭收支透明化。**但是在储蓄生活中，夫妻合计的家庭收支绝对会带来巨大的效果，**这是我的实际体验，我深信不疑。

“利用‘7S’把握储蓄素质”“制作资产管理簿，确认所持资产”“构筑真正的家庭收支”，在对储蓄生活的基础进行了调整后，我们的储蓄生活即将到来。

收回消失在家庭账本上的钱

开始储蓄生活一个月后。

虽然我已经十分注意节俭，但是当看账本时还是发现不知花在何处的钱超过了总支出的三成。这些钱到底用在哪里了？我吃惊地发现自己竟然全无印象。

与此同时，我也感到“如果不是开始储蓄生活，我还不会发现这些用途不明的花销，还在稀里糊涂地过着消费生活”。掌握了这一情况后，我已经感觉到了储蓄生活的效果。

本打算储蓄，可是手边的三成钱财却用途不明，这是个大问题。必须要思考改善措施。

在思考改善措施时，我们首先建立了假说。所谓的没印象就是：

- **很可能是买了对于我们来说并不重要的东西**
- **每次消费时都不会太令人在意的小额支出**

从以上假说中我们决定正确控制小额支出，用曾经一度感觉麻烦的家庭账本进行记录。

我们要尝试在有意识的储蓄生活中把握住溜走的金钱。如果能使用途不明的三成支出变为储蓄，那就有尝试的价值。于是我们决定制作家庭账本。

办法实施后还要进行优化改善措施。经营顾问越是碰到棘手的难题就越要去体验。

家庭账本仅仅记录了1~2周就已经看到了效果。大多数用途不明的钱都变成了饥饿时的零食或工作闲暇时的咖啡，以及为打发下班路上的时间而买的在电车上阅读的商业杂志或小说等。

它们每一项的支出都不大，但几天的数额就超过了数千日元。虽然其中也有一部分是减压零食、自我充电类书籍的费用，但大多都是在浪费钱。

可以说我们的储蓄生活的起点水准相当低。

家庭账本除了能够把握用途不明的支出外还有巨大的作用。

在判断出金钱的用法后，家庭账本还能与其他收支相比较，显现出节约的关键点。

家庭账本记录了3个月时，我计算出了家里各项支出的平均值，这样就能查明我家的支出倾向。

经营顾问在分析数据时经常会与其他公司进行比较。与此相同，我们使用总务省的家庭收支调查报告书中的数据，将我家的生活费与社会平均生活费进行了比较（由于家庭收支调查报告书中的数据只为比较，因此作者对其进行了一部分加工）。

下图是比较结果。明显可知，餐费、住宅费、家具和居家务

图表 35　同等家庭年收入与家庭收支比较

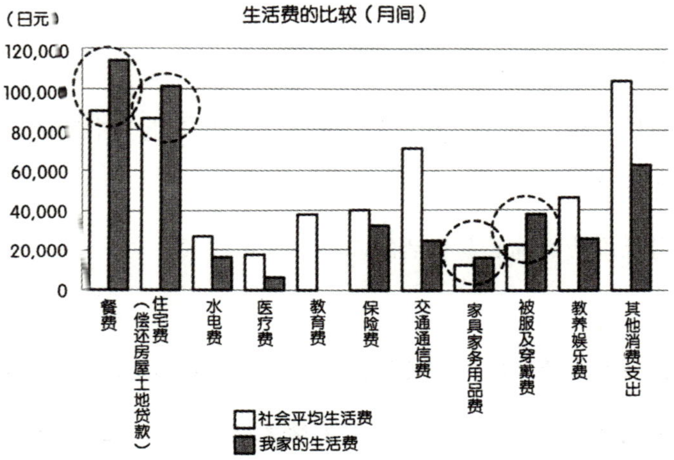

用品费、被服及穿戴费等都有可节约的空间。

看到可节约款项后就能轻松思考储蓄措施。这时，我的储蓄生活已经过了5个月了。

我感觉已经将此前不完整的“7S”要素大部分备齐，我决定要认真推进储蓄生活，制定具体战略，制作实现梦想的计划表。

从目的到目标，从目标到战略，从战略到计划，从计划到行动

在落实具体行动计划时要以怎样的顺序开始呢？苦恼于这个问题的我进行了如下思考：

“采取这样的大型行动往往会无意中出现目的与实际行动相背离的现象。要想切实取得进展就要导入企业金字塔的概念，保持目的、目标、战略、计划以及行动的一贯性，这是要务。”

于是我首先着手进行对目标的确实描绘。要设定夫妻共同目标一定要进行对话。在对话中通过多种思考，有时还需要通过简单模拟来填补内容。最终我们设定了以下目标。

·包括加薪在内，10年内打造出1亿日元的流动性资产

·利用稳定、安全的金融投资每年获得收入300万日元

·将金融投资所得收入作为冲绳的基本生活费

·假如有孩子了，那么计划延后2年

·在冲绳一定要就业（为自己向新领域挑战）、在有余钱的时候要去旅行

这样，**“尽快移居冲绳”的目的才会变为“储蓄到某一天就移居冲绳去生活”，要详细提出具体化目标并将其分解。**

接下来就是制定实现目标的战略。

利用“7S”分析我们知道自己缺少增收与节约知识，所以我们考虑首先开始对储蓄方法进行全面了解。我们开始尝试利用逻辑树整理储蓄方法。

我们一边看着做好的逻辑树一边进行讨论，然后决定出下一个措施的实施办法。

·收入上，假如在经营顾问这一职业上努力工作、获得好评，那么预计每年可加薪50万日元（夫妻两个就能增加100万日元）。尤其把工作不马虎、凭借夫妻两人积极互助产生的价值作为加薪目标。

·在节约措施上，每一个都是可行项目，所以全部实施。

*这两个判断都失败了，后面进行了修改。

如下图所示，我们将展现增收与节约两种措施效果的具体储蓄额定为年目标。

图表 36　我们的年目标储蓄额

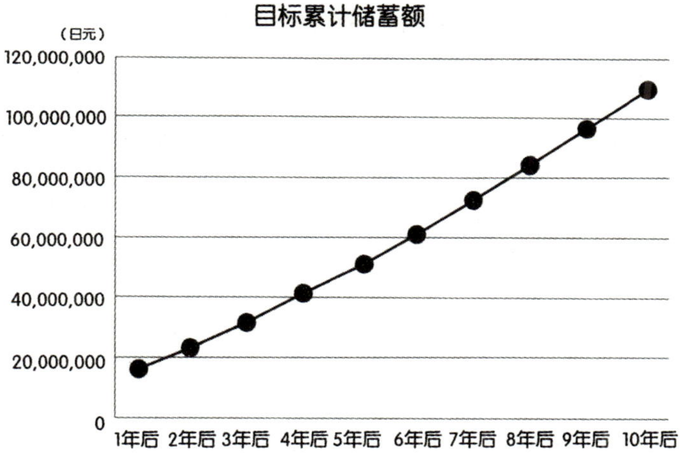

在此之后，我们只需有意识地按照PDCA去进行计划就好。

节约误区　①点券事件

看到电车交通费上还有可削减空间，于是我购买了最为优惠的点券替代此前使用的月票。

但是这一措施却是大败而终。在实际使用点券时必须注意

“购买”“携带”“补充”“期限”等细节部分，管理起来非常麻烦。

另外，我还发现了点券的一个致命的坏处。

管理麻烦的点券一个月内节省了1000日元，但期间妻子有时会将点券弄丢，或者用坏。尽管我知道每个人都会犯错，但这样不仅使我的劳动化为泡影，而且还出现了损失，这让我很想责怪妻子。

区区1000日元却让我费尽心力，这无论如何都让我感到烦躁。烦躁会使储蓄生活无法继续。

我在管理上要花很多心思才能防止点券丢失或过期，但其优点却并不显著，于是在使用了3个月后，我们停止了使用点券，重新开始使用月票。

节约误区　②电器开关事件

· 认认真真关掉电源节省电费。

· 洗淋浴时注意节水。

· 做菜时调节火力大小节约煤气费。

我们实施了很多节约书籍中介绍的技巧，但从结论来看都宣告了失败。

理由有三：

第一，不能获得效果。由于节约金额很少，加上酷暑天气很多，平时使用空调的次数就会增多，因此看不出节约的效果。

第二，节约效果很差但却让我们的日常生活变得异常拮据。始终注意节水、省电的生活十分辛苦。

第三，这样未必会省电。有些家电在启动时会大量耗电，当它们启动后，耗电量就会稳定下来，这时反而要比关掉电源再打开更省电。

最终，花了很多工夫却没见实际效果的我们不再节约水电费。

通过PDCA与措施排序让节约最佳化

尽管我很想在事前就避免失败，但还是会在尝试中出现进展不利的情况。**这时最重要的是PDCA。**

实施节约措施时一定要检查结果，发现没有效果，或者增添了压力、效率不高等都需要改善。

如果不尽心改善或更正，你将一直过着拮据的生活。那样将无法继续储蓄生活。

我也在各方面尝试**反复进行着计划→实施→评价→改善的PDCA，在节约行动中进行最适合的节俭。**

另外，那些在开始让我认为都很好的措施，**在实际开始储蓄后才发现它们的节约效率并不好，于是我开始着手为可行措施排序。**

横轴为一个月间的支出额度，纵轴为按照可削减的难易度进行的支出项目分类。这一工作筛选出了可有效削减支出的项目。

当时的结果如图表37。

整理后让我重新意识到我所进行的都是效率低且需要花费劳力的项目。

根据优先顺序排名以及与相似家庭的比较结果，我决定以住宅费、餐费、保险费、零花钱为重点节约项目。当然这是在我确认了这些节约项目放在一起不会对我的计划造成影响后做出的决定。

图表 37　排定的削减支出的优先顺序

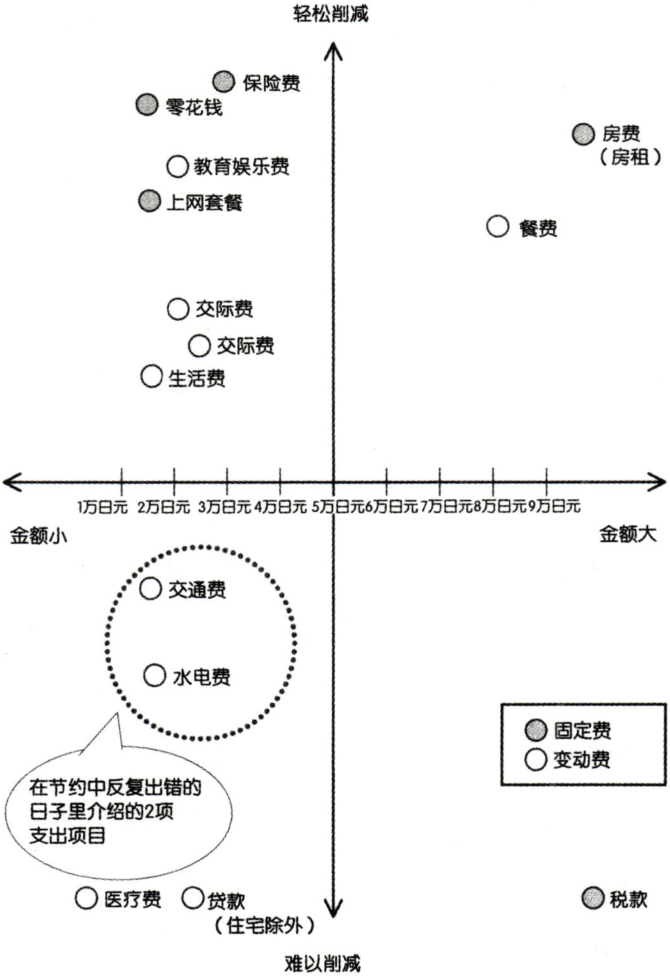

含有12项内容的家庭账本诞生

储蓄生活开始一年后，我们制作了写有乳制品188日元、肉357日元等带有详细费用分类的家庭账本。

家庭账本的本来作用就是用来进行分析。为此，我只做了能进行各种分析的带有详细账目的账本。

但是，由于制作带有详细账目的账本需要将票据上的每笔明细都记录在案，因此需要大量的记账时间。为了能将其进行简化，使其省时省力，我开始对过去的一年进行分析，寻找改善要点。

在对过去的一年进行分析时需要的是餐费、住宅费、水电费等大宗费用，并不需要乳制品的当月买入价格、肉类的月平均买入价等零碎账目价格。

既然用不着就不用制作详细账目，所以我将它们以餐费、服装费、住宅费等进行大类别区分。出于这种考虑，我制作了带有12个项目的账本，力图省时省力。

于是我做出了超出我期待的家庭账本，一周的账目只要3~5分钟即可完成。这是此前用时的十分之一。

图表 38　我们家的12项内容的家庭账本

2014年5月家庭账本

项目	金额（日元）
收入	1,185,703
餐费	46,110
服装费	8,970
住宅费	99,000
水电费	12,924
医疗、生活用品费	21,384
通信费	17,100
交通费	3,840
教养娱乐费	51,333
交际费	0
保险、税金*1	8,752
其他支出	20,275
（宠物相关费用）*2	6,646

*1 不含所得税、社会保险费等

*2 由于宠物在生病治疗时的费用会增多，因此另外设立了这一项目进行管理

另外，此时我们已经不在食品超市里购买价格昂贵的电池与洗涤剂，而是学会了在家电销售处购买便宜的电池，在清洁剂商店购买便宜的洗涤剂。而且，一张票据上不再出现餐费、生活用品等12个项目混杂在一起的现象了。

因此，利用家庭账本记账时就能很方便地计算出票据上的合计金额，记账变得极为轻松容易。

就这样，**一年多后，我完成了对储蓄生活有益，同时只需花费少量劳动就能做好的家庭账本。**

意外事件的发生与重新制定计划

我的储蓄生活顺利进行了一段时间后又遇到了大麻烦。那就是2008年的雷曼冲击（次贷危机）。日本的汇率等也受到了影响，经济状况随之恶化。毫无例外，咨询业也从2009年起出现订单数量、订单金额的大幅衰落。

当时，我就职的咨询公司以及我妻子的咨询公司都出现了业绩低迷、年收入停滞的状况。我们的储蓄计划中有加薪计划，如果年收入增长为零，那么我们就会很难实现这一目标。

另外，虽然公司业绩变差，但是我和妻子却仍然像之前一样忙碌，根本没有时间利用双休日开展其他可以即刻获得收益的副业。经济的不景气无法很快得到恢复，随着时间流逝，每个月的计划储蓄额与实际储蓄额的偏差在逐渐扩大。

“一定要想出对策。”

我在积极地进行着思考。

那时，妻子获得了跳槽到一般企业的机会。那是一份来自看重妻子个人魅力的公司的邀请。

我们的储蓄计划是以我俩都做经营顾问所得的年收入为基础的。如果妻子跳槽，那么她的年收入就会下降，并且加薪额度也会降低，这对我们的计划有着重大影响。

另一方面，就目前来看，即便我俩仍然做经营顾问，也不知道年薪何时才能恢复正常。社会经济与企业业绩的恢复至少要2~3年，或者是5年以后。我们的储蓄计划是10年，如果这种现象持续2~3年将会给我们带来致命打击。

商量的结果是，我认为无论妻子跳槽与否都存在着同样的风险。但考虑到“虽然储蓄很重要，但是能够获得向自己想做的工作发起挑战的机会更为重要”，因此我同意妻子跳槽。

在妻子跳槽几个月之后，我也决定跳槽。

我的目的就是增加年薪。为此，我决定进入同一行业中的外资企业。

这是为了实现储蓄目标作为增收措施而进行的跳槽，但目的却并非只是提高年薪。我对日企与外企咨询公司使用的不同咨询手段也十分感兴趣。这次跳槽也是为了学习它们之间的差异。

由于我们两个人的跳槽，我们需要根据当前可能获得的微薄退休金和增长的家庭收入来重新修正计划与现实之间的差距。在这一时期的储蓄额的变化可由图表39得知。

如图表所示，我在外企咨询公司工作了1年半后，也想像妻子那样挑战自己想做的工作，因此我第2次跳槽。

在我们相继跳槽期间，我俩针对是否需要变更当初的计划问题进行了商讨。

如果不按照计划进行储蓄，那么夫妻两人的想法就容易出现偏差。心理上产生的偏差是妨碍我们实现目标的最大因素。那会使我们快乐的储蓄生活变得阴云密布。

即便目标相同，两个人还是会出现思想偏差。可能一方想着

图表 39　我们的储蓄额的变化

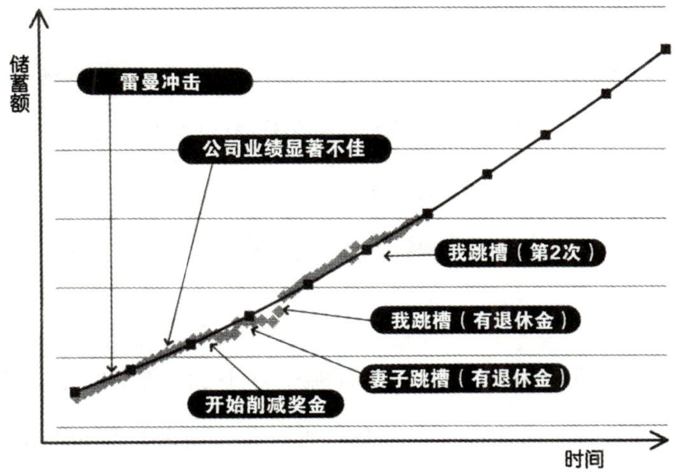

还要更加努力，而另一方却在想着为了生活轻松而延迟计划。两个人的意见就会出现分歧。两个人明明都想向着梦想前进，但却都觉得对方的说辞大错特错，这样就会使双方变得焦躁起来。

越是在这样的时刻，越需要进行对话。越是在因对方的想法而感到愤怒时，越需要与对方面对面交流。再重新说一次，**如果能在最初阶段就描绘出不可撼动的明确目标，那么即便出现些微小差异，两个人也能向着同一方向前进。充分的对话只是要找到一种无须令双方感到担心，又能让两人获得相互理解的形式。**

我们的对话开始了。

“计划延期一两年也没关系。我想过得舒服点儿。”

“延迟期限是可以当作一个选项。但是，在那之前就没有能做的事情了吗？咱们在开始储蓄时的困窘你应该是知道的。仔细想想，咱们已经竭尽全力地做好所有能做的事情了吗？”

“我不想因为勉强按照计划储蓄而使生活出现扭曲，所以还是暂缓去冲绳的时间吧。”

“咱们既没有孩子，也没有哪一方不能再继续工作。如果因为无关痛痒的理由就变更计划，那么能完成的计划也会无法完成。如果现在咱们不加紧努力，那么当再次遇到障碍时，咱们的计划也会延期。我不想让咱们的共同计划就这样流产。”

“我们再重新看看目的和目标吧。”

现在我也不知道那时候我们哪一个的选择更加正确，我们对话的结果是我们又再一次重新审视目前的生活，尝试着做了能做到的事情。我们决定当计划实在无法进行时再延迟计划。

低风险金融投资

在我们为如何增加年薪而烦恼、为是否该延迟计划而进行谈论后不久，我们的储蓄已将近3000万日元。

我和妻子决定用这笔钱来投资已经关注很久的金融投资产品。

在能够长期持有的低风险产品中，我挑选了一款利率2%~4%，产品稳定性和流动性很高的一款产品。

因为是将重要的存款用作投资，所以我花了大把时间来进行调查，是进行了慎之又慎的选择才得出的结果。

当我用手边的2000万日元进行投资一年后，我获利90万日元。相当于每月收入超过7万日元。一想到我可以用这笔钱来当作每月伙食费，我感到非常高兴。三年后，我对相同的低风险商品进行了2500万日元的新投资，现在每年能够获得超过160万日元的收入。

这一金额对于我们的储蓄生活而言具有巨大的作用。这里的金额扣除税款后能够全部转化为存款。

每年160万日元，每月13万多日元的收入已和部分劳动者的收入持平。

我们的储蓄不是2架马车，而是拥有我、妻子和金融投资这3架马车。

到这时为止，我已经对FX、股票以及信托投资等各种商品进行了投资。无论投资哪种产品，开始时我都感到过不安，或者感觉麻烦。

但是，当我花费时间去学习，并把通过实际投资积累的经验化为我的血肉时，我的专业知识就得到了积累。

并且，**通过这些知识，我确信“储蓄生活只能选择低风险的产品”，稳健投资的结果就在眼前。**

这才刚刚达到我们所制定的年收益额300万日元的一半，但只要我们能够继续进行低风险管理，我们就能通过进行金融投资来实现我们的梦想。

储蓄5000万日元后看到的

储蓄生活刚刚开始时，我们既没有方法，也没有做过详细调查，自然是要走很多弯路，付出很多艰辛。

储蓄失败的原因多种多样，但其中最大的一个原因就是无法跨越这些艰辛。

当我存下5000万日元时，我已经能够轻松而有效地储蓄了。

那么，当你有了5000万日元的流动资产时，你的人生中各个方面的选项都会增加，你的生存能力也会得到提升。

- **成立一个小公司，创办事业。**
- **可以既上班又做房东，以风险极小的形式进行挑战。**
- **即便突然出现变故，生活上也不会有什么难题。**

这样思考一下，不论你是否真的去实施，你都会感到内心轻松。

获得了稳定的内心基础之后，我们就可以向至今为止避免涉足的领域发起挑战，在工作方面也会不再去注意上司或领导的反应，能够朝着自己坚信的方向从容地逐渐采取行动。

这样做的结果就是你会获得周围人的信赖，也会被委任以更重要的工作，从而进入良好的循环之中。

在实行了长时间的计划后，储蓄5000万日元的成果带给了我

自信，它让我的人生选项增多，同时也让我体会到了每天的生活中产生的正面相乘效果。

刚刚存到5000万日元的那个月。

我预订了我家附近的一家饭馆，与妻子共进一餐。我们一起回顾了此前的辛苦，并表明了对今后生活的决心。我们一边享受着美食与美酒，一边针对此前的储蓄生活谈论了两个多小时。

这时我们重新认识到的是，**一起进行储蓄生活使我们的信赖关系更为牢固，并且充分认识到了对方的重要。**虽然两人之间也会有冲突，但如果不是两人一起就不会到达这一程度。

“现在这些钱可能足够一个人在冲绳生活了吧。”

我状似若无其事地说道。

“两个人在一起才有意义呢！”

妻子的回答让我欣喜难忘。

共享储蓄知识，向新的领域挑战

“世上很多人都在为储蓄而努力。

“但是其中的很多人都是‘如果能攒100万日元就好了’‘能攒

1000万日元就好了’的‘如果’一族，他们只是单纯地在进行着假设。而他们每月的痴心妄想带来的结果只是效率极差的储蓄。”

我将自己至今为止的储蓄生活与其他人的储蓄、节约生活进行了比较，并且得出了以上思考。

我想让更多的人感受到我通过储蓄生活积攒下来的知识，以及我所体会到的成就感与内心的闲适。

并且，为了能够让更多的伙伴与我一起努力过上储蓄生活，我在2014年3月建立了博客。那还是个阅览量并不大的小博客。

即便如此，我还是会每天专心地上传我的记事，有时也会收到各位读者的评论。其实，这本书的出版也是由于编辑读了博客后与我沟通的结果。

与我的七年储蓄生活相比，这还只是个刚刚开始的实验。每当想象这个博客今后会为我带来什么时，我都会感到很开心。

要向着目标不断前进，就要调整生活的基础，并且具有向新领域挑战的自信。以储蓄生活为起点的我的世界正在逐步拓展开来。

储蓄7000万日元后看到的

一天，我读了读者对我的储蓄博客的评论，我感到非常吃惊。

“还差一点儿你就做到了呢。”

7年前，我们还不知道能不能实现自己的目标，我们制定了一个从未挑战过的10年储蓄计划。

“我不知道10年后会发生什么。但是如果不朝着梦想去行动，那梦想终究会成为空想。”

出于这种想法，我制定并实施了储蓄计划。自那之后已经过了7年，那时感觉那么遥不可及的目标，现在已经拉近成了“还差一点儿”就能实现的目标。这则评论真是让我感到开心。

现在，**我坚信“我们为实现梦想而储蓄，并且为储蓄而运用的方法没有错”**。

长期的储蓄生活中一定要做到自律、节俭和措施可行。通过逻辑思考与商业框架带来的高效率在储蓄生活中发挥了巨大的作用。

我不知道今后我的储蓄生活是否还会像现在一样顺利地进行下去，是不是还会发生什么不测。

但是，不论出现什么状况，我绝不会推迟我的期限，我会亲自运用本书中介绍给大家的知识进行实践，直到达成目标、实现梦想。

向储蓄生活发起挑战的意义

一个人的一生过得是否丰富多彩，其实只有到了生命终结之时才能知晓。但是，现在我觉得我每天的生活都非常充实。

那是因为我每天都能亲身体会到自己正在一点点接近那个想要实现的目标。

构建储蓄生活的意义何在?

本章中所要传达给大家的不过是一对夫妻的一个事例。但那却是毋庸置疑的事实。建立储蓄生活能够加深夫妻之间的信赖，储蓄的钱财也会让生活变得安定。

使储蓄有效进行的行动、思想等不仅可以用于储蓄，也可以用在工作与私生活中，同样都会获得成果。如此这般产生的良好循环会让你产生向着新领域发起挑战的活力，通过挑战，我们就会拓展自己的可能性。

这是你决定好做事的顺序，并且有效而坚实地采取行动后逐渐累积出的结果。

现在，我这样想。为实现梦想而进行的储蓄生活不仅能够实现梦想，还会在这一努力过程中使自己直接过上丰富多彩的人生。

尾 声

这本书适合所有想要实现梦想的学生、社会人士。

考虑到未来的生活时，就会发现现在有着诸多令人感到不安的要素。

但如果不是挑挑拣拣，人人都能就业，也都能够得到收入。社会物质充盈，人们能够过上便捷的生活。它是一个能够由个人决定想要度过怎样的人生的社会。只要我们明确目的、展开正确的行动，它就是一个能够让我们切实前进的环境。

因此，不要吹毛求疵，将眼光看向社会的好的一面，你就应该为了过上丰富多彩的人生而努力。而且这一机会人人平等。

不知道看完这本书的你在今后的人生中是否想要实现什么，你的梦想又是什么。但我希望你能尽可能多地实现你的梦想。如果本书能为你带来助益，我将不胜荣幸。

本书是我第一次写作，因此会有很多思虑不到之处。最后再次感谢你的阅读。

浜口和也